LA SAVOIE PITTORESQUE

CHATEAU DE MIOLANS

Logements et Hôtels

Saison 1923

SYNDICAT D'INITIATIVE DE LA SAVOIE

CHAMBÉRY

DEMANDER

au Bureau du SYNDICAT D'INITIATIVE DE LA SAVOIE

A CHAMBÉRY

LES PUBLICATIONS SUIVANTES :

LIBRAIRIE	Prix	Franco
Guide Illustré : Aix-les-Bains, Chambéry, Challes-les-Eaux........................	1 »	1
Guide-Book : Aix-Chambéry-Challes en anglais....................................	2 »	2 50
Chambéry-Itinéraires : la Ville, les environs, par J. Coppier........................	1 »	1 15
Les plus beaux Sites de Savoie, avec 40 illustrations en français..................	3 »	3 30
Picturesque Spots in Savoy, en anglais.....	2 »	2 50
Les Alpes : les meilleurs auteurs, les plus beaux sites, avec 20 cartes postales détachables..................................	2 25	3
Itinéraires d'excursions vélocipédiques et en automobile.............................	0 25	0 30
Logements et hôtels de la Savoie.........	0 25	0 40

CARTOGRAPHIE	Prix	Franco
Routes des Alpes françaises du Jura à la mer par Dolin — Itinéraires avec profils et pentes. — 2 volumes vendus ensemble..	10 »	11 »
Plan-guide de Chambéry..................	0 25	0 30
Carte touristique des environs de Chambéry....................................	2 »	2 15
Aix et ses environs........................	1 »	1 15
Aix-Mont-Revard-Chambéry.............	2 »	2 15
Lac du Bourget............................	1	1 15
Lac d'Aiguebelette.........................	2	2 15
La Savoie, carte complète en 6 couleurs	6 »	7
Carte routière des Alpes françaises, par Dolin..	1 »	1 15
Savoie-Dauphiné...........................	0 50	0 60

PLANS EN RELIEF	Prix	Franco
Les Alpes de Savoie.......................	250 »	Port à la charge de l'acheteur
Le plateau du Revard, Aix et Chambéry	100 »	

MAISON DU TOURISME

CHAMBÉRY -- CHALLES-LES-EAUX

Cette organisation a pour but de fournir aux Touristes, de passage, ou en séjour en Savoie, tous renseignements, et tout ce qui peut leur faciliter leurs excursions et leurs voyages.

Dans son immeuble, en plein centre de Chambéry (Place de l'Hôtel-de-Ville), elle a groupé tous les services touristiques nécessaires aux voyageurs, dans sa région :

Le **Syndicat d'Initiative de la Savoie**, pour renseignements ;

Les **Malles de France**, excursions en autos ; **Bureau de Location du P.-L.-M.** ; **Bureaux de l'Office Italien du Tourisme** (Chemins de fer et Navigation) ; **Agence Caola et Jarnier** (Compagnie transatlantique et American Express) ; les **Bureaux du « Petit Dauphinois »** (Edition de la Savoie) ; un **Salon de Coiffure** et vente de parfums confiés à la Maison Berlioz de Chambéry ; **Postes et Télégraphes, etc.**, etc.

On trouvera aussi à la *Maison du Tourisme* le **Ristorante italiano** dirigé par Monsieur Jacques Armando, le propriétaire du **Ristorante italiano** à Cannes, si réputé sur la Côte d'Azur.

Dans le **Salon d'exposition des Peintres Savoyards**, on trouvera aussi des dentelles savoyardes, des meubles anciens de la Savoie.

La **Maison de Modes** Louis Vuillermet a confectionné la caractéristique Coiffe de Savoie (frontière de la Tarentaise) qui sera livrée aux Touristes dans un joli carton artistique.

Dans le but de vulgariser le Tourisme en Savoie, la MAISON DU TOURISME a organisé des

Semaines d'Excursions aux plus Beaux Sites de la Savoie

au prix de 300 francs (*trois cents francs*) *par personne, tout compris : hôtel, excursion, etc.*

Pour renseignements supplémentaires, concernant ces semaines, s'adresser à la MAISON DU TOURISME, *à Chambéry*,

ou à L'HOTEL DU CHATEAU, *à Challes-les-Eaux*.

LIVRET 1923

SYNDICAT D'INITIATIVE DE LA SAVOIE

AIX-LES-BAINS -- CHAMBÉRY -- CHALLES-LES-EAUX

Siège Social : CHAMBÉRY, 2, Place de l'Hôtel-de-Ville

LA SAVOIE PITTORESQUE

LOGEMENTS & HOTELS DE LA SAVOIE

mis à la disposition du public par les membres du Syndicat d'Initiative de la Savoie

PRIX : 0 fr. 25 - Franco : 0 fr. 40

Ce petit livret, édité par le *Syndicat d'initiative de la Savoie*, a pour but de mettre en relief les multiples ressources, au point de vue des logements et hôtels, que, dans les principaux centres de villégiature du *Département de la Savoie*, les membres du *Syndicat d'initiative de la Savoie* mettent à la disposition du public.

LE SYNDICAT D'INITIATIVE DE LA SAVOIE

Le Syndicat d'initiative de la Savoie est une association patriotique et absolument désintéressée, dont le seul but est de faire connaître et apprécier la Savoie, et spécialement Chambéry, Challes-les-Eaux et leurs environs, et d'y faciliter les séjours et excursions par la distribution de guides illustrés, brochures, cartes, etc., très utiles aux alpinistes, touristes et cyclistes, et par la distribution à ses bureaux ou par correspondance **(timbre pour réponse)** de tous renseignements utiles sur stations balnéaires et de montagne, hôtels, villas, excursions, séjours, etc.

Il délivre également, à son **bureau de renseignements de Chambéry** (place de l'Hôtel-de-Ville, 2), avec ses publications, tous renseignements sur billets de chemins de fer, circulaires ou autres, et envoie ses publications contre les frais de Poste. *(Voir au verso de la couverture).* Il organise également des excursions automobiles au départ de Chambéry, et délivre des billets de différents services automobiles.

BUREAU DE RENSEIGNEMENTS
du
SYNDICAT D'INITIATIVE DE LA SAVOIE

Chambéry, *14, place Octogone* (téléphone 0-68).
(à partir du 1er mai, à la *Maison du Tourisme*, pl. de l'Hôtel-de-Ville, 2)

I. — Ce petit livret de renseignements a été établi avec soin ; mais le Syndicat d'Initiative ne saurait prendre la responsabilité des erreurs qui ont pu s'y glisser par suite d'inexactitude ou d'imperfection des renseignements donnés par les propriétaires d'appartements, villas et hôtels.

Il ne saurait également prendre sous sa responsabilité les inconvénients et difficultés que les locataires pourront rencontrer dans la pratique.

II. — Le Syndicat d'Initiative fait connaître les logements et hôtels, et fournit au besoin des renseignements complémentaires, mais il n'intervient pas dans les traités, même comme intermédiaire, entre les propriétaires et locataires.

En conséquence, MM. les étrangers auront à s'adresser *directement* aux propriétaires de maisons et d'hôtels pour s'entendre sur les conditions de prix et autres.

Les prix indiqués dans le livret ne sont, généralement, *qu'approximatifs* ou les *prix forts demandés* ; ils seront donc à discuter et à régler entre les intéresssés, suivant les conditions d'époque et de durée du séjour, du nombre de personnes, etc. Les prix de pension d'hôtels sont ceux établis pour le mois de mars 1923.

MM. les étrangers sont expressément invités à se recommander du Syndicat auprès de MM. les propriétaires, et à faire part au Syndicat des observations qu'ils auraient à faire dans l'intérêt général.

III. — On peut trouver, au *Bureau de Renseignements* du siège social du Syndicat d'Initiative de la Savoie, place de l'Hôtel-de-Ville, à *Chambéry*, des renseignements détaillés sur nombre d'installations signalées, et, au besoin, sur diverses autres mises à la disposition du public par propriétaires n'appartenant pas au Syndicat.

Avis spécial à MM. les Propriétaires et Maîtres d'hôtels

Il est rappelé aux intéressés, l'avis important à eux donné précédemment, à savoir que les inscriptions à ce livret sont exclusivement réservées aux personnes faisant partie du

Syndicat d'Initiative de la Savoie (cotisation annuelle, 10 fr.) et, naturellement, aux membres du Syndicat ayant réglé leurs cotisations et celle de l'année courante, sans préjudice du règlement du coût de l'insertion d'après le taux adopté par le Conseil d'administration.

MM. les propriétaires et maîtres d'hôtels sont priés d'envoyer les renseignements sur leurs maisons à la date fixée par la circulaire qui leur est adressée ; à défaut, le Syndicat ne peut fournir, à son bureau, que les renseignements à lui donnés l'année précédente.

D'autre part, MM. les propriétaires d'appartements et villas, dont mention est faite au présent livret, sont instamment priés de faire part au Syndicat de leur location et, successivement s'il y a lieu, de leur disponibilité, ceci dans l'intérêt commun des propriétaires et touristes et pour éviter aux uns et aux autres des correspondances inutiles. De même les propriétaires d'hôtels, pensions, sont priés d'avertir le Syndicat lorsqu'il ne leur est plus possible de recevoir des pensionnaires.

Enfin, les propriétaires d'hôtels, pensions et auberges, en exploitation ou non, qui seraient dans l'intention de vendre ou de louer leurs établissements, sont invités à le faire savoir au Syndicat, lequel, à l'occasion, pourra les mettre en rapport avec des amateurs.

Bureaux de Renseignements Touristiques

CHAMBÉRY *(Syndicat d'Initiative de la Savoie) place de l'Hôtel-de-Ville, 2.*

Challes-les-Eaux. *Parc de l'Etablissement Thermal.*

Aix-les-Bains, Comité d'Initiative, place de la Mairie.

Albertville, place de l'Eglise.

Moûtiers, place de la Gare.

Saint-Jean-de-Maurienne, place Fodéré.

Les Echelles, chez M. Buscoz, libraire.

Pralognan.

Brides-les-Bains.

Annecy, rue du Pâquier, 1.

Grenoble, 2, rue Montorge.

Paris, Bureau National, 152, boulevard Hausmann. — Touring-Club de France, 65, avenue de la Grande Armée. — Office de Tourisme du Savoyard de Paris. 123, boulevard Montmartre

Lyon, Syndicat d'initiative, 19, place Bellecour. — Office de l'Echo de Savoie, 7, place des Terreaux.

Et les principaux Bureaux de Syndicats d'Initiative et d'Agences de Voyages de France et de l'Etranger.

Arrondissement de Chambéry

AIGUEBELETTE 🚂 ✉ 𝕋 Téléph. — *Sur le ravissant lac d'Aiguebelette, pays boisé ; pêche et canotage. — 417 mètres d'altitude, à 30 minutes de Chambéry en chemin de fer, ligne de Chambéry à Lyon par Saint-André-le-Gaz. — Ascension du mont Lépine et du col du Crucifix, du Signal (alt., 1426 m.) ; promenade à la Bauche-les-Eaux, gorges de Chailles, grottes des Echelles, etc. Excursions à la Grande-Chartreuse, col de Crusille et château de Rochefort (souvenirs de Mandrin), Yenne et le défilé de Pierre-Châtel (cours du Rhône), Chambéry, Aix-les-Bains, etc., etc....*

Hotel Beau-Rivage, M. Duport-Batique, propr. — Ouvert toute l'année. — 28 chambres, 30 lits. Pension, repas et chambres, prix modérés. — Jardin, terrasse ombragée. Vue sur le lac. — Téléph. 5.

Hôtel Beau-Séjour, Julliand propriétaire. — Ouvert toute l'année. — Arrangements pour pension. — Vaste terrasse ombragée. Vue sur le lac. Garage. — Téléphone n° 1.

Hôtel Bellevue, ouvert toute l'année, Ollivier et Morel, propriétaires. — En face la Gare et la Poste, recommandé par le T.C.F. — English spoken. — Cuisine soignée, chamb. confortables, prix modérés. — Terrasses ombragées, vue splendide sur le lac, belvédère, garage, piano, jeux. — 24 chambres, 32 lits. — Téléphone n° 2.

Café-Restaurant Petit-Jean, près de la Voie Romaine et des Cols du Crucifix et de St-Michel. — Chambres meublées. — Laitage et consommations de choix. — A 2 kil. de la gare.

MAISON meublée. — S'adresser à *M. Lillaz, propr. à Aiguebelette.*

1° APPARTEMENT de 6 pièces, dont : 1 cuisine, 1 salle à manger, 4 chambres, 7 lits dont un à 2 places. — 2° APPARTEMENT de 4 pièces dont : 1 cuisine et 3 chambres à 2 lits dont un à 2 places. — Tonnelle et terrasse. — S'y adresser à Mme Vve Bunisset.

~~~~~~

AILLON-LE-JEUNE ✉ 𝕋 Téléph. 850 *mèt. d'alt., courrier avec Lescheraines. Glacières de l'Agneau, grottes curieuses ; combe d'Aillon et forêt du Lindar.*

Un Petit-Hôtel.

~~~~~~

AIX-LES-BAINS 🚂 ✉ 𝕋 Téléph. — 260 *mètres d'alt.,* ; 8.500 *habitants ; près du lac du Bourget. — Etablissement thermal. Casinos : Grand Cercle et Villa des Fleurs. Bureau de renseignements gratuits du Comité d'Initiative, à la Mairie.*

Station balnéaire et de villégiature de premier ordre, centre merveilleux de promenades innombrables, point de départ pour les grandes excursions dans les Alpes françaises, au pied du mont Revard, près du lac du Bourget ; climat sec et tempéré.

Grâce au Mont-Revard et aux sports d'hiver qui s'y pratiquent si heureusement, Aix-les-Bains devient une station d'hiver et d'été.

Les eaux thermales d'Aix-les-Bains ont une réputation universelle. Les eaux et la douche-massage, spécialité du traitement d'Aix, assurent la guérison d'un nombre considérable de maladies, particulièrement : le rhumatisme et la goutte; le rhumatisme chronique sous toutes ses formes ; les suites de fractures, luxation et entorse avec raideurs articulaires ou atrophie musculaire ; les arthrites chroniques simples et sèches ; les synovites tendineuses chroniques, etc., etc...

La cure interne de boisson ou cure de lavage se pratique au moyen des trois sources précieuses :

— Eau des deux Reines. — Eau de Saint-Simon. —
— Eau Massonat. —

A Marlioz (2 kil.) *une eau sulfureuse froide est heureusement employée pour les affections des voies respiratoires.*

Sur le lac du Bourget : canotage; pêche; service de bateaux à vapeur pour l'Abbaye d'Hautecombe.

HOTELS

Grand Hôtel d'Albion, H. Mermoz, propriétaire. — 150 chambres, 40 salles de bains, eau courante chaude et froide. — Ouvert aux Sports d'Hiver. — Garage, tennis, parc. — Téléphone 0,20.

Hôtel des Alliés, 2, rue de la Chaudanne, M. Chautagnat, propr., ouvert toute l'année. — 12 chambres, 17 lits. — Pension 15 francs.

Hôtel d'Angleterre meublé, Gagnard et Cavanna, propr., 22, avenue Victoria. — Ouvert toute l'année. à 2 minutes de la gare, en face les casinos, près de l'Etablissement thermal. — English spoken, si parla Italiano. — 20 chambres, chambre 1 lit 1 personne, 5 à 7 fr.; grand lit 2 personnes, 8 à 12 fr. ; 2 lits, 9 à 12 fr. ; petit déjeuner complet, 2 fr. — Prix réduits pour les sports d'hiver.

Pension Aubert, route de Mouxy, sur la hauteur, à 15 minutes de l'Etabl. thermal, cure d'air, jardin ombr., électr., A. Aubert, propr. (15 avr. 15 oct.). 12 ch., 16 lits. Pension de 15 à 16 fr. Cuisine soignée.

Hôtel Beau-Lieu. Mlles Gaime, propr., ouvert toute l'année (en face des Casinos). — 30 chambres, 45 lits. — Pension du 1er juin au 1er octobre, à partir de 30 fr. ; du 1er octobre au 1er juin, à partir de 22 fr. Confort moderne. Cuisine renommée. — Jardin. — Tél. 1-02.

Hôtel et Villa Beau-Site, J. Abrazard, directeur propriétaire (ouverts toute l'année, dans un jardin face au parc et aux montagnes, à 2 minutes de l'Etablissement thermal et à 5 des casinos, entièrement modernisés, eau chaude et chauffage dans toutes les chambres, chambres à partir de 15 fr., petit déjeuner à 3 fr. 50, repas 15 fr., pension à partir de 30 fr. — 4 salons, 2 pianos, 30 salles de bains, 2 ascenseurs. — Téléphones : **Hôtel,** 0.19 ; **Villa,** 4.32.

Hôtel Bristol, E. Leder, propr. (2e ordre). Grand parc. Téléph. 1-14.

Hôtel Cecil, M. Monternier-Collin, propr. — Chambres confortables, eau courante, 6 à 12 fr. — Salle de bains, électricité, salon, piano. — Cusine soignée, pension depuis 16 fr., v.n.c., minimum 8 jours, et taxe de séjour. — Téléphone 4.12.

Hôtel de la Cloche et Restaurant, Carrobourg, propr., ouvert toute l'année. — 50 chambres. 70 lits. — Chambres à partir de 8 fr — Repas 9 et 10 fr., vin non compris, petit déjeuner 2 fr. 50, pension depuis 25 fr., minimum 5 jours. — Confort moderne, eau courante chaude et froide, chambre noire, jardin, garage. — Tél. 1 06.

Hôtel de la Couronne, Vuillermet, propr. — Ouvert du 1er mai au 15 octobre. — 18 chambres, 28 lits. — Pension toute la saison depuis 24 fr., v.n.c., petit déj 2 fr. 50, repas 9 fr., v.n.c., chambres 6, 12, 14, 16 fr. — Chauffage central. — Téléph. 2.40.

Hôtel Cosmopolitain, A. Lecoq, propr., Marcoult, directeur. — Ouvert toute l année – 50 chambres, 70 lits. Chambres depuis 10 fr. Petit déj 3 fr. ; déjeuner 8 fr. ; diner 10 fr. — Arrangements depuis 25 fr. -- Grand jardin, ombrages. — Téléph. 1 01.

Hôtel de l'Europe et **Villa Victoria,** E Leder, propr., 300 chambres avec salles de bains ou eau courante. Restaurant dans le jardin unique comme genre à Aix. Téléph. 1.15.

Hôtel Folliet et de France, S. Sibour, directeur. — Ouvert du 1er mai au 15 octobre. — Hôtel de famille confortable, près l'Etablissement thermal et le Casino. — 80 chambres, 120 lits, de 8 à 16 fr. — Service par petites tables, cuisine très soignée ; petit déj. 2 fr. 50, déj. 8 fr., diner 9 fr., v.n.c., prix modérés pour les vins, pension de 20 à 25 fr. — Salons, piano, fumoir, jardin, salle de bains. — Téléph. 1.89.

Hôtel de Genève, Secret, propr., ouvert du 1er mai au 1er novembre, 40 chambres, 50 lits. — Chambres depuis 6 fr. ; petit déj , 2 fr. ; repas 8 fr. ; pension depuis 18 fr., minimum 8 jours. — Salon, piano. chauffage central, électricité, téléph. 1-91.

L'International-Hôtel, P. Rivollier, propr.; en face les jardins du Casino-Villa des Fleurs et de la Station., ouvert du 25 avril au 15 octob. Appartements avec salle de bains et cabinet-toilette ; eau courante chaude et froide dans toutes les chambres et tous autres conforts, arrangement en pension pour durée de 5 jours au moins avec chambre et 3 repas à partir de 25 fr., taxe gouvernementale comprise. Chambre à 1 lit depuis 10 fr., grand lit depuis 14 fr., 2 lits depuis 16 fr. Omnibus gratuit faisant le service de l'hôtel à l'Etablissement thermal. Garage. – Téléph. 1.00.

Grand Hôtel des Iles-Britanniques et Hôtel de l'Etablissement thermal, Garcin, propr. — *Hôtel Thermal* : chambres de 8 à 20 fr. Petit déjeuner 2 fr 50 ; déjeuner 9 fr. ; diner 10 fr. Pension de 25 à 50 fr. — Téléph. 0-02. — *Grand Hôtel des Iles Britanniques* : Eau courante chaude et froide dans toutes les chambres. Chambres de 15 à 30 fr. ; petit déjeuner 4 fr. ; déjeuner 14 fr. ; diner 16 fr. Pension de 35 à 60 fr. Table de régime. — Situé sur la hauteur au milieu d'un grand parc. Téléph. 0-02.

Hôtel Lafayette, avenue de la Gare, Mathieu et Mme Martin, prop. — Chamb. dep. 10 fr. ; petit déj 3 fr. ; repas 8 fr., v n. c. — Pension dep. 18 fr. English spoken. Salle de bains, jardin, téléph. 4.28. Même maison à Nice . *Grand Hôtel de la Poste.*

Hôtel de Lyon, Restaurant, 4, boulev. Wilson, A. Carraz, propr. Ouvert toute l'année ; salon, piano. 25 chamb., 30 lits, cham, dep. 7 fr. ; repas 7 fr., v. n. c. ; petit déj. 2 fr. ; pension de 18 à 24 fr. ; cuisine soignée ; téléph. 4.59.

Hôtel Métropole, François Secret, propr., 1er mai-1er octobre. 100 ch. 120 lits, ch. depuis 10 fr. petit déj 3 fr., déj. 10 fr., dîner 12 fr., pension depuis 25 fr., minim. 5 jours. Salon. fumoir, salles de bains, ascenseur, téléph. 0,50.

Hôtel Mercédès, rue Garrod. Mermoz, propr., ouvert toute l'année. 52 chambres, 80 lits. — Appartements pour familles, salles de bains, eau courante, chauffage central : pension à partir de 25 fr. Ascensr, terrasse, jardin, garage, téléph. 0 88.

Grand Hôtel du Nord et Grande-Bretagne, Lejeune-Saconney, directeur. En face du Casino et tout près des Bains (ouvert du 15 avril au 15 octobre). — 120 chambres, 150 lits ; chamb. 1 lit dep. 8 fr., 2 lits dep. 10 fr. — Eau courante chaude et froide. — Petit déj. 2 fr. 50 et 3 fr. ; déj. fourchette petites tables 10 fr. ; dîner petites tables 12 fr. v.n.c — Pension de 25 à 35 fr. ; prix modérés pour les vins. — Garage, bains, jardin. — Restaurant — Télép. 0.53.

Grand Hôtel du Parc et Villa annexe, grands jardins, Mme Vve Luthaud, propr. Ouvert du 15 avril à fin octobre — En face du Parc de la ville, à proximité de l'Etablissement thermal et des Casinos. — 80 chambres, 100 lits. — Chamb. depuis 7 fr. — Petit déj. 3 fr., déj 9 fr., dîner 10 fr.— Eau courante, salles de bains. Pension depuis 25 fr. par jour, minimum 8 jours. — Téléph. 0.72.

Grand Hôtel de Paris, Gigliosky, propr., ouvert toute l'année, 80 chambres, 100 lits eau courante chaude et froide, ascenseur, bains, jardin. — Chamb. 1 lit, 8 à 14 fr., 2 lits, de 14 à 20 fr. ; lit 2 places, 12 à 16 fr. Pension complète de 20 à 30 fr. — Téléph. 1.90.

Hôtel du Pavillon et Pavillon Rivollier, Restaurant, face les jardins de la Villa des Fleurs. P. Rivollier, propr., ouvert toute l'année. Toutes les chambres avec eau courante chaude et froide, et cabinets de toilette. Appartements avec salle de bains privée, chauffage et tous autres conforts. Prix de pension pour une durée de 5 jours au moins depuis 25 à 40 francs, selon la saison, chambre et 3 repas, taxe gouvernementale comprise. Chambre à 1 lit depuis 8 fr. ; grand lit 2 personnes depuis 12 fr., 2 lits depuis 14 fr. Garage. T. 1-04.

Hôtel Richemond, en face de l'Etablissement thermal. M. J. Bergerat propr., ouvert du 1er mai à fin septembre : chambre à 1 lit 8 fr., à 2 lits 12 fr. : petit déjeuner 3 fr. ; repas 8 f. Pension de 23 à 30 fr. Electricité, téléphone 0-3.

Hôtel de Russie, 52, rue de Genève, Bremens, propr. Plein centre, près des Bains et des Casinos. Ouvert toute l'année. Chauffage central. Maison de famille. Parc ombragé. Restaurant et thé en plein air. Cuisine réputée et confort moderne, introuvables ailleurs aux mêmes prix.

Chambres à 1 lit, 1 pers..	8 à 12 fr. ;	avec pension	24 à 28 fr.
—	gd lit, 2 pers..	12 à 18 fr. ;	—	22 à 25 fr.
—	2 lits, —	14 à 20 fr. ;	—	23 à 26 fr.

En pension 5 jours minimum, les 3 repas par petites tables, chauff. et éclair. compris. Réduction importante sur les prix ci-dessus du 1er sept. au 30 juin. Petit déj. 2 fr. 50 ; déj. 8 fr. ; dîner 9 fr., vin dep. 2 fr. la bout. Hôtel recom. du T.C.F. Coupons Cook. Garage. Tel. 2-12.

Hôtels Splendide Royal et Excelsior, L. Rossignoli, administrateur-directeur. — Réputation mondiale. Tous les conforts. 250 chambres. 200 salles de bains.— Tennis, garage. — Vaste parc ombragé. Téléph. 0-15. — 4-23. — 0-31.

Touring-Hôtel, E. Odet, nouveau propriétaire, ouvert toute l'année. 14 ch., 16 lits ; repas 7 fr. v. n. c. Pension depuis 18 fr. v. n. c., cuisine soignée. Restaurant dans jardin ombragé. A 2 minutes de la Gare et des Casinos. Salles de bains. Vue splendide sur la Dent-du-Chat et le Mont-Revard.

Hôtel-Pension Wagram, Mad. Dupuis, propr. (du 1er mai au 15 oct.). — Chambres de 6 à 12 fr. — Petit déj. dep. 1 fr. 25.— Repas 7 francs.— Pension mai-juin 18 fr. ; autres mois 20 francs.

P. Vetzel, vente et location de Propriétés, *10, rue Sommeiller, Chambéry.* Maison de confiance et discrétion

Excursions « LES MALLES DE FRANCE », *Association Fran-de Tourisme Automobile.* — Départ tous les jours de l'Agence Générale, 2, rue Davat.

A SAINT-SIMON, 1 kil. 500 d'Aix-les-Bains.

MAISON DE CAMPAGNE meublée, 5 chambres à coucher, 6 lits ; bureau, salon, salle à manger sans linge ni argenterie, cuisine, cour et jardin, eau de source d. la cour — 1240 fr. p. la saison (1er juillet-1er oct.). — S'adr. à *Mme Droguet*, 3, rue de Boigne, Chambéry.

A 100 mètres de St-Simon, commune de Grésy-sur-Isère, à 1 k. 1/2 d'Aix-les-Bains, dans un joli site. CHALET meublé : 4 chambres à coucher, 6 lits et 1 d'enfant, salon, salle à manger, cuisine. Electricité ; salle d'ombrage ; garage ; eau dans la cour. 3500 fr. pour la saison de mai à octobre. S'adresser à Mme Bourgey, 89, avenue Wagram à Paris. Pour visiter s'adresser à Mlle Abry, Villa Caloud, avenue du Grand-Port Rondeau, Aix-les Bains.

~~~~~~

ALBENS 🚉 ✉ T [Téléph]. — 361 ***mètres d'altitude. Excursions : La Chambotte ; les Tours de César; le pont de l'Abîme, le val de Fier, etc.***

Un Hôtel.

JOLIE MAISON meublée. — 5 chamb. maitres, 3 chamb. de domest. ; salons, salle à manger. — Garage, jardin, à proximité gare. — Aix-les-Bains (11 kil.). — S'adr. à *M. Canet*, 71, rue de l'Université, Paris. — Pour visiter s'adr. à *M. Philippe, maire d'Albens.*

~~~~~~

APREMONT ✉ T [Téléph]. 340 ***mètres d'altitude, à 7 kilomètres de Chambéry. — Courrier. Au pied des monts Granier et Joigny et du col du Frêne; à proximité de Notre-Dame-de-Myans, des abîmes de Myans.***

MAISON meublée, 10 pièces ; 6 lits. Au besoin garage. — Jardin et clos, eau dans la cour, très belle vue, ombrages. — S'adresser à *M. Arminjon, avocat à Chambéry.*

~~~~~~
~~~~~~

ARVILLARD ✉ ☎ Téléph. — 538 *mètres d'altitude, à 2 kilomètres de La Rochette; non loin de la forêt et des ruines de l'ancienne Chartreuse de Saint-Hugon. — Site pittoresque.*

Hôtel-Restaurant des deux Terrasses. Marius Hyver, propriétaire.- -Pension à prix modérés. Garage, électricité, jardin, grande terrasse ombragée.

Hôtel-Restaurant Palluel. Jules Palluel, propriétaire. Ouvert toute l'année.— Agréable séjour pour cure d'air, emplacement, ombragé par des tilleuls, jeu de boules, près des forêts, électricité, cuisine bourgeoise soignée, voitures à volonté pour excursions.

\\\\\\\\

BASSENS ☎ Téléph. — 310 *mèt. d'alt., à 2 kil. de Chambéry.*

LE VERGER DU MONT, meublé ; à louer pour saison. — 2 salons, salle à manger. 6 chamb. maîtres ; 3 chamb. domestiques ; électricité, eau, garage. — Vue superbe sur les Alpes. — S'adresser au Syndicat, à Chambéry. Timbre p. réponse.

\\\\\\\\

BAUCHE-LES-EAUX (la) ☎ Téléph. — *560 mèt. d'alt., desservie par la station P.-L.-M. de Lépin-Lac-d'Aiguebelette et la gare du tramway V.-S.-B. de « Les Echelles » Services d'auto-cars. Eaux ferrugineuses ; (Chloro-anémiques ; débilités et surmenés). — Belle situation ; air très pur ; centre d'excursion: lac d'Aiguebelette; grottes des Echelles ; le Mont-Grelle ; le massif de la Grande-Chartreuse, etc.*

Une pension de famille.

Grand Hôtel-Château, Boffard, propr. — Ouvert du 1er mai au 30 octobre. Tourisme. Villégiature. Maison de repos et de régime. Usage journalier du yoghourt oriental. Lait frais à toute heure. Eau minérale naturelle ferro-manganique contre anémie et chlorose. Hydrothérapie. Cure d'air. Montagnes, forêts de sapins Magnifique parc de 12 hectares. Tennis et autres jeux de plein air. Soins médicaux assurés par docteur attaché à l'Etablissement. Les personnes atteintes de maladies contagieuses ne sont pas admises. Prix des chambres de 10 à 20 fr. par personne. Repas, v. n. c., 7 fr., petit déjeûner 2 fr. Prix de pension, minimum 8 jours, chambre et nourriture, v.n.c., de 20 à 35 fr. par jour selon la chambre. Escompte de 20 % sur les prix de pension en mai, juin, 15 septembre et octobre. Pour tous renseignements, s'adresser au propriétaire. Téléph. n° 1.

\\\\\\\\

BETTON-BETTONNET ☎ Téléph. — *380 mèt. d'alt., bureau de poste à Chamoux 4 kil., gare à Chamousset 2 kil. ou à Saint-Pierre-d'Albigny 4 kil.*

VILLA meublée à Bettonnet. — 9 pièces dont 4 chamb. de maîtres, 2 de dom., 7 lits dont 4 à 2 places, vaisselle, batterie de cuisine. Jardin avec gde salle d'ombrages. Téléphone à côté ; de même, voiture sur commande, et ressources alimentaires — Située sur la hauteur, belle vue ; la saison 1.200 fr. — S'adresser à *Mme Cerrutti, 21, rue Bonnivard, Chambéry.*

BOURDEAU ☎ [téléph]. — 308 *mètres d'altitude, à 14 kilomètres de Chambéry, à 3 kilomètres du Bourget-du-Lac qui est relié à Chambéry par un tramway. Belle situation sur les bords du lac et au pied du col du Mont-du-Chat ; panorama splendide du lac et des montagnes jusqu'aux Alpes.*

Hôtel de l'Aurore, Favier. propr., ouvert toute l'année. Bien situé. Pension à partir de 16 fr., minimum 8 jours. Poissons du lac.

Hôtel - Restaurant - Foéchat, Foéchat, prop. — Chambres. — Pension 15 fr. par jour, tout compris ; minimum 8 jours. Téléph. 5.

Hôtel-Restaurant-Novel, Novel, propriétaire. Terrasse ombragée, vue du Lac. Cabine téléphonique.

~~~~~~

BOURGET-DU-LAC ✉ ☎ [téléph]. — 262 *mètres d'altitude, à 10 kilomètres de Chambéry (tramway) et d'Aix-les-Bains ; pêche et canotage ; promenades au château et à la cascade de la Serraz, château de Bourdeau, col du Chat, etc. — Point de départ pour l'excursion du Mont-du-Chat. — Garages du* « Club nautique chambérien »; *courses et fêtes nautiques. — L'église du Bourget fondée en 1030 (style roman) avec le prieuré du Bourget, confié par la Maison de Savoie naissante aux moines de Cluny, restaurée au XV siècle, dans le style roman ogival, et restaurée à nouveau au siècle dernier, renferme, ainsi que le château-prieuré en dépendant, des souvenirs historiques et des restes artistiques excessivement intéressants : crypte ; bas reliefs apposés autour du chœur ; loggia communiquant avec les appartements du Prieuré ; cloître, etc.....*

Hôtel Ginet. Garage, écurie, remise. Arrangements pour séjour., téléph. 0 07. — Vue sur le lac.

Restaurant, Mme veuve Gorjux, propr., dans le bourg, à côté du bureau des postes et téléphone. — Cuisine renommée.

London-Hôtel. Pension de famille, corresp. du T.C.F. — Tél. 0-16.

Hôtel-Café-Restaurant de la Mairie, Jean Perrier, prop. — Ouvert toute l'année, pension de famille, prix modérés.

Hôtel-Café-Restaurant Perrier, Ch. Perrier, propr. — En face du port — 10 chambres, 12 lits ; wc. à chasse ; salle de bains ; grande terrasse ombragée avec vue sur le lac ; cuisine soignée ; consommations de choix ; prix modérés, téléph. 0.10.

VILLA meublée sur les bords du Lac du Bourget, 7 pièces. Eau, électricité. Terrasse. S'adresser à M. Touron, opticien, 8, rue Favre, Chambéry,

CHATEAU, à proximité du lac et des stations du tramway ; richement meublé, confort moderne, électricité, salle de bains, salle à manger, 3 salons, piano ; 8 chamb. de maîtres, cabinets toilette, 2 chamb. domestiques ; 12 lits dont 1 d'enfant et 6 à deux places ; linge, vaisselle, argenterie. — Bibliothèque ; atelier de peinture ; terrasse avec belle vue sur le lac ; salons d'été ; garage. Vastes communs et dépendances avec 3 autres chambres de domestiques, 5 lits. Grand parc et propriété close sur les bords du lac. — S'adresser au Syndicat d'initiative, à Chambéry. Timbre p. rép.
~~~~~~

CHALLES-LES-EAUX ✉ ⚲ Téléph. — *327 mètres d'altitude, à 6 kilomètres de Chambéry (tramway). Eaux sulfureuses.— Etablissement thermal ; Hydrothérapie. — Centre de promenades et excursions. — Lieu très recommandé pour villégiatures estivales, surtout pour les familles. — L'eau sulfureuse froide, bicarbonatée, sodique, bromo-iodurée de Challes est, de toutes les eaux sulfurées connues, la plus riche, et la plus iodurée et bromurée aussi de toutes les eaux sulfureuses.*

Digestives; sans odeur désagréable à la source, elles se conservent facilement en bouteilles.

Souveraines dans toutes les maladies chroniques des voies respiratoires, les affections lymphatiques, l'arthritisme, l'herpétisme, etc., etc.

Hôtel des Bains, Jph Delachat. propr. — Le seul près de l'Etablissement Thermal et du Casino : 40 chambres, 50 lits ; eau courante chaude et froide ; chambre et pension à partir de 20 fr. par jour tout compris sauf le vin. — Cuisine très soignée. — Téléph. 6.

Hôtel Beau-Séjour et du Centre. P. Finck. propr. (1er juin, 1er octobre). 35 chamb., 55 lits. de 5 à 12 fr. Petit déj. complet, 2 fr.50. Repas 10 fr. v.n c. Pension : de 18 à 25 fr. v.n.c., minimum 8 jours. Salle de bains. électricité, garage, grand parc, terrasse. Téléph 0 05.

Hôtel du Château de Challes et Grand Hôtel. M. A. Lugon, propr. (1er mai-15 octobre). 100 chamb. et salons ; 120 lits ; confort moderne. Cab. de toilette avec eau courante. Appartem. avec salles de bains privées. Tranquillité parfaite Terrasses dominant la vallée. Saison de printemps et d'automne. Vue superbe sur les montagnes. Grand parc. — Garage. Autobus en gare de Chambéry.

Hôtel Chateaubriand, Mme Buet.—(1er juin-1er octob.). Face Etablissement thermal. Parc. tennis. Tous conforts. Téléph. 0.00.

Hôtel de l'Europe (près l'Etabl. thermal), Marcel Delachat, propr Vaste parc ombragé. Cuisine soignée. Arrangements pour famille.

Family - Hôtel - Restaurant (Villa Marie-Louise). Perrotin, prop., Prix modérés. — Appartements pour familles. – Electricité, jardin, terrasses, salon, piano.

Hôtel de France. Lapeyre. propr , chef de cuisine. Ouvert du 15 mai au 15 octobre. 35 chambres, 55 lits. Cuisine et cave réputées. Pension complète de 18 à 25 fr. Electricité. Garage. Vaste parc ombragé. Téléph. 1.

Hôtel de la Mairie, Fluttaz, propr. — Pension de famille confortable. — Electricité, jardin. — Prix modérés.

Hôtel-Pension de la Terrasse, Mme Bodeau, propr. Chambres confortables, cuisine soignée. Pension v. c. juin et septembre 18 fr., juillet et août 20 fr. Electricité. Garage.

LES ALPES, grand et petit appartements meublés. Eau, électricité, garage. Veuve Rivoire, propriétaire.

VILLA Olga, à 400 mètres de l'Etablissement. — 1er étage : salle à manger, cuisine, 2 chambres, balcon, parterre. S'adres. à *M. Feuillebois à Challes-les-Eaux.*

A LOUER sur la hauteur, véritable cure d'air et de repos : 1° VILLA BEAUVOIR : 2 appartements indépendants de 8 et 6 pièces. Electricité, jardin ombragé, terrasse (serait à vendre) ; 2° BEL-AIR : 6 pièces, belle terrasse, électr. S'adr. à *M. Faure, Magasins Réunis.*

LE MONT-JOLI, meublé. — Salon, salle à manger, cuisine, 11 chambres ; électricité, jardin, terrasse. — Location entière ou divisée ; prix modérés. — S'adr. à M. *Détraz, propriétaire du Mont-Joli, à Challes les-Eaux.*

VILLA BEAU-SITE, près l'église, 6 pièces, 4 chamb., 6 lits ; cuisine, salle à manger; linge. Electr.. eau d. la cour, jard. S'y adr. à *Mme Odier.*

VILLA meublée. — 8 pièces, à 8 minutes du chef lieu ; belle vue, jardin et ombrages. — *S'adresser à M. Charles Rassat, à Challes.*

VILLA meublée. — Terrasses, vérandas, eau, jardin, électricité. — S'adr. à *Mme Détraz, jardinier à l'Hôtel du Château à Challes.*

VILLA des Lauriers — 6 pièces, 4 chambres, électricité. — Prix modérés. — Avenue du Casino, à proximité de l'Etablissement et de l'arrêt du tram. — *S'adresser à M. Dumollard Louis, à Challes.*

VILLA Eugène, en face l'Hôtel du Château.— 10 pièces ; 7 chambres à coucher ; Electricité. Eau dans la cour. Linge, vaisselle batterie de cuisine. W.-C. Cave. Ombrages. — S'adresser à *Mme Beaumont, à côté*, pour visiter ; pour traiter, *à M. Dyen, contremaître aux Ciments de Vimines près Cognin (Savoie).*

VILLA Marcel, 4 pièces, dont 2 chambres, 3 lits. Eau, électricité. S'y adres. à *Mme Duret.*

APPARTEMENT à louer pour les mois de juillet et août. 5 pièc , cabinet de toilette, véranda S'adr. à *Mme Veuve J. Bonne*, Villa Victorine, à Challes-les-Eaux.

CHATEAU DE FAVERAZ, près de Challes-les-Eaux, à louer meublé. *Voir page 25.*

CHAMBERY 🚉 ✉ T Téléph. — *272 mètres d'altitude,* 23.000 *habitants ; point de départ pour de nombreuses excursions, notamment pour la Grande-Chartreuse. Capitale de la Savoie. Dans une belle vallée ; situation aérée et abritée tout à la fois. Toutes ressources. Plusieurs monuments intéressants. Promenades nombreuses dans les environs, très variés d'aspect et de plus en plus recherchés pour les villégiatures.*

Nombreuses sociétés sportives et autres : Club nautique de Chambéry (lac du Bourget); Club Alpin français (section de Savoie) ; les Amis de la Montagne, les Touristes Chambériens ; Union sportive Chambérienne ; Société de Pêche. Les Pêcheurs Chambériens ; Société de tir des Chevaliers Tireurs ; Société d'Histoire naturelle ; Société de Mycologie de la Savoie; Club des sports d'hiver Aix-Mont-Revard-Chambéry (siège social à Aix-les-Bains) ; Union artistique ; Sociétés de gymnastique (Les Volontaires des Alpes et l'Alerte) ; Vélo-Club ; Union vélocipédique savoisienne ; Union artistique de la Savoie, etc., etc.

Visite accompagnée du **Château** *de Chambéry,* *voir page 62.*

Un des attraits de Chambéry est **La Grande Foire d'Automne** *qui, pendant plusieurs jours, se tient au début d'octobre (tous produits agricoles et industriels de la Savoie) et attire un grand nombre de visiteurs.*

BUREAUX DE RENSEIGNEMENTS du Syndicat d'Initiative de la Savoie, 14, place Octogone, à partir du 1er mai. MAISON DU TOURISME, 2, place de l'Hôtel-de-Ville.

MAISON DU TOURISME, place de l'Hôtel de Ville, 2. Institution nouvelle du plus grand intérêt pour les touristes de passage ou en séjour à Chambéry : la Maison du Tourisme comporte tout ce qui peut faciliter leur séjour: Syndicat d'Initiative. Bureaux des Services Automobiles, Bureau de location du P.-L.-M., Office de Publicité. Bureau postal. Bureau de Change. Salon de Thé. Restaurant, etc..

Hôtel de la Bauche, place de l'Hôtel-de-Ville, entièrement remis à neuf. — Cuisine bourgeoise ; prix modérés.

Hôtel Central Meublé, place du Théâtre. F. Vernay, propr. Tél. 1-60.

Hôtel du Commerce et Grand Restaurant, 1er étage. — Cuisine renommée. — Julien Targy propr. — Plein centre. — 40 chambres, 50 lits. — Electricité. — Chauffage central. — Repas 7 fr. v. n. c. — Chambres 6 à 15 fr. — Salle de correspondance. — Garçon de course à la gare. — Garage — Téléphone : 3-34.

Hôtel de la Croix-Blanche, Maurice Bouvier, propr., pl. d'Italie, à la station du tramway de Challes-les-Eaux, aux bifurcations des routes de Lyon-Aix les-Bains, de Grenoble-Annecy et de Paris-Turin, à proximité des nouveaux jardins publics. Endroit merveilleux pour séjour. Arrangements pour familles, touristes, voyageurs. Chambres confortables, toutes peintes à l'huile, depuis 4 fr. Chauffage central. Electricité. Garage. Restaurant le plus renommé de la région pour sa bonne cuisine. Service par petites tables, en plein air, belle veranda. Repas à la carte et à prix fixe. 6 fr. et 7 fr. 50 v. n. c. Téléph. 4-50.

Hôtel de France et Grand Hôtel. H. Guy, propr. 45 chambres ; 60 lits. Confort moderne : ascenseur ; chauffage central. — Appartements avec bains privés. — Garage dans l'hôtel. — Autobus à la gare. — Téléph. 1,24.

Hôtel du Nord et de Lyon, Chauvin, propr. (place de la Gare). — Electricité. — Restaurant à prix fixe et à la carte. Service à toute heure. Cuisine bourgeoise. Pension au mois et à la semaine. Garçon de l'hôtel à tous les trains. — Téléph. 4.07.

Grand Hôtel de la Paix et Terminus. E. Lebrun propr., face la gare P.-L.-M. 150 lits. — Chambres de 8 à 25 fr. Eau courante dans les chambres, appartements avec bains et w. c. privés. — Petit déj. complet 2 fr 50 ; repas, v. n. c., 10 fr. Pension minimum 5 jours dep. 25 fr., chambre comprise. — Restaurant. — Ascenseur, chauffage central, électricité. Tél. 1-18.

Hôtel de Paris. Mme Vve Héritier, propr., à proximité de la gare, 3, rue Sommeiller et 2, rue Freizier. — Confort moderne. Arrangements pour séjour. — Cuisine bourgeoise. — Prix modérés.

Grand Hôtel de la Poste et Métropole. A. Ducrettet, propr., près du Théâtre. — 50 ch., 60 lits ; confort moderne ; appartements avec salle de bain. — Arrangements pr familles et séjour. — Chauffage central. — Restaurant. — Repas en plein air. — Jardin. — Garage intérieur. — Téléph. 4.77.

Grand Hôtel des Princes, Paul Tchitchek, propr., 35 chambres, 52 lits. — Hôtel-Restaurant, cuisine soignée. — Salles de bains.— Chambres de 7 à 18 fr.— Repas 8 fr. – Arrangements pour séjour. — Garage. — Chauffage central. — Téléph. 2.55.

Hôtel de Savoie, 13, Quai Nezin, à 2 minutes de la Gare, C. Serpollet, propr. Ouvert toute l'année, chambres confortables, restaurant, cuisine renommée, diners sur commande. Téléph. 3-05.

Restaurant du Chapon Fin, A. Gonin propr., 3, place du Palais-de-Justice. — Le plus sélect. Salons privés pour sociétés Service à la carte et à prix fixe. Soupers froids. Glaces. Téléph. 5-24.

Restaurant Folliet, boulevard du Musée. Service à toute heure, à la carte et à prix fixe. Repas depuis 6 fr. vin compris.

Café du Commerce, 10, rue de Boigne (Portiques), Pierre Pollet. Spécialités : glaces napolitaines, orgeat frais, café viennois, salon de thé. — Téléph. 1-75.

Café du Théâtre, Gurret, propr. — Boissons glacées, spécialités de bière. — Téléph. 0-91.

PENSION DE FAMILLE (chambres meublées). — Maison avec petit parc.— Salle de bains.— Pension 16 fr. par jour— S'adres. à *Mme Cuidel*, Villa du Colombier, chemin privé du Colombier au Bocage.

FAMILLE prend pensionnaires. — Tous conforts. — Cours pour étrangers. — Excellentes références. — Pension depuis 16 francs S'adresser au *Syndicat*, Chambéry. Timbre pour réponse.

UNE FAMILLE prendrait des pensionnaires ou louerait des chambres meublées. — Très grandes chambres bien exposées, balcons ; bonne cuisine de famille ; proximité de la gare et du Jardin public, 13 fr. p. jour. — S'adr. au *Syndicat*, à Chambéry. Timbre p. réponse.

Choix d'APPARTEMENTS meublés pouvant faire cuisine, gaz, électr.; jouissance d'un petit jardin.— S'adr. à *M. Guichet, 10, rue Métropole, ou à Bon-Accueil, rue Léon-Ménabréa, 93, à Chambéry.*

VILLA à Caramagne, 11 pièces, gde vérandah vitrée. Ecurie et remise ou garage. Vue superbe, cure d'air. — A louer meublée ou non, à la saison ou à l'année. S'adr. à M. Chapuy, à Beauvoir.

VILLA La MADELEINE, route de la Peysse. — Appartement meublé de 4 pièces ; eau, électricité. — S'y adresser à *M. Poble.*

APPARTEMENT meublé, 4 pièces, 2 ch., cuisine, salon, eau, gaz, électr. balcon. S'adresser au *Syndicat*. Timbre pour réponse.

LOCATION D'AUTOMOBILES. Voitures ouvertes et fermées, limousine grand luxe. — **Ambulance automobile** à toute heure, confort moderne. Garage place d'Italie. Distributeur d'essence. E. Gaudin, 30. rue d'Italie. Téléph 4-09.

GARAGE MODERNE, Pachoud et Rogier, 3, route de Lyon, en face de la Préfecture.— Locations d'autos. — Concessionnaires des Maisons **Panhard, Levassor, Chenard et Wancker, Ballot, Amilcar, Vinot, Deguingand. Stock Michelin.** — Distributeur d'essence. Téléph. 3,65.

GARAGE SALAMO, rue Saint-François. — Agence des automobiles **Dion-Bouton**. — **Ambulance automobile.** — Location de voitures automobiles ouvertes et fermées. — Téléph. 0-93.

GRAND GARAGE VASSEUR, 5, rue de la Banque, place pour 80 voitures, fosse, lavage sous pression, gonfleur automatique. — Voitures en location à toute heure de jour et de nuit. — Voitures de grand luxe de tourisme, service d'excursions. — **Agence Citroën, Delage, Unic, Rolland Pilain, Delaunay, Belleville.** — Téléphone 4-97 et 1-53.

P. VETZEL. VENTE ET LOCATIONS DE PROPRIÉTÉS, *10, rue Sommeiller, Chambéry.* Maison de confiance et discrétion.

EXCURSIONS

Les Malles de France *(Association Française de Tourisme Automobile).* Départ tous les jours du Syndicat d'Initiative. Services réguliers et circuits à forfait. Service régulier hebdomadaire Chambéry-Turin (Italie).

NOTA. — Pour les environs rapprochés, voir : *Bassens, Bourdeau, Bourget-du-Lac, Challes-les-Eaux, Les Charmettes, La Motte-Servolex, La Ravoire, Saint-Alban, Saint-Jean-d'Arvey.*

CHAMBOTTE (la). — *910 mèt. d'alt., dominant le lac du Bourget ; vue magnifique.*

Un Chalet-Restaurant. Téléphone.

CHAMOUSSET. — *298 mètres d'altitude.*

Un Hôtel.

CHAPELLE-du-MONT-du-CHAT (la) (Col du Mont-du-Chat). — 700 *mètres d'altitude; au-dessus du lac du Bourget; route de voiture. — Point de départ pour l'excursion de la Dent-du-Chat (altitude 1.400 mètres) ; excursion à l'Abbaye d'Hautecombe. — Cure d'air ; vue splendide sur le lac, les vallées d'Aix-les-Bains et Chambéry, et sur les Alpes.*

Emils-Hôtel, Bret, propr. — 16 chambres, 20 lits, salon, jardin, chambres depuis 8 fr. Petit déj. 2 fr. 50, repas 10 fr., v. n. c. Pension depuis 20 fr., minim. 8 jours — Restaurant.— Thés. Arrangement p. familles. Téléphone n° 2, à Bourdeau.

CHARMETTES (les). — 400 *mètres d'altitude, à 1 ou 2 kilomètres de Chambéry (à visiter : maison Jean-Jacques Rousseau) ; en un vallon verdoyant ; point de départ de charmantes promenades.*

MAISON meublée, de 6 ou 7 pièces, 4 ch., 4 ou 5 lits, couvertures, vaisselle et batterie de cuisine ruoltz, jouissance du jardin, prix modérés, p. 2 mois, p. la saison ou p. l'année. — S'adresser à Mlles Dénarié, 13, rue du Verger, Chambéry.

CHATELARD (le) ✉ ☏ Téléph. — *757 mètres d'altitude, à 29 kilomètres d'Aix-les-Bains; nombreuses correspondances : d'Aix-les-Bains (service d'autobus), de Saint-Pierre-d'Albigny (courrier). Médecin, pharmacien, toutes ressources, bon lait, centre de promenades et d'excursions intéressantes : Combe d'Aillon, Forêt de Bellevaux, Grottes de Banges, Col du Frêne, etc.... Ascensions du Semnoz, de Rosanne, du Trelod, de l'Arclusaz, etc... Pêche dans le Chéran. Air sec et très pur. Climat tempéré permettant les séjours de printemps et d'automne.*

Hôtel Alpin. Bouvier, propr. (ouv. toute l'année). Chamb. de 5 à 8 fr. Déjeuner et dîner, 5 à 6 fr., v. n. c. ; petit déj., 1 fr. 50. Pension depuis 15 fr. tout compris moins le vin (à partir de 15 jours). Salon, piano, jardin, terrasse. Garage, 1 fr. par jour., électricité. — Arrangements pour familles et séjours prolongés. Téléphone n° 4.

Hôtel Chainey, Chainey propr., ouvert toute l'année, 8 chambres, 10 lits, chambres de 5 et 6 fr., petit déj. 1 fr. 50, déj. dep. 6 fr., diner dep. 5 fr. ; pension minim 8 jours dep. 14 fr. tout compris (août 15 fr. tout compris), arrang. pour séjours prolongés, électricité, écurie, remise, garage.

Hôtel de l'Harmonie, Ginet. propr. Pension-Restaurant. Ouvert toute l'année : pension à partir de 15 fr. par jour ; cuisine soignée. Salon ; terrasse ; garage ; électricité.

FAMILLE prend pensionnaires dans jolie villa. Arrangements pour séjour. S'adresser au *Syndicat, à Chambéry*, timbre pour réponse.

VILLA Melsine. entièrement réparée à neuf, bien indépendante. — Jardin ombragé, pré. verger ; appartements de 6 et 4 pièces meublés à louer. Chambres meublées. Eau sur l'évier. Electricité. — S'adresser à *M. Levert, propriétaire, villa Melsine, Le Châtelard (Savoie).*

S'adresser à *M. Aymonier, pharmacien, Le Châtelard, correspondant du Syndicat* pour renseignements sur les Bauges. — Téléph. 7.

~~~~~~~

CHIGNIN 🚉 ✉ ☏ Téléph. — *450 mètres d'altitude. En bonne exposition. Nombreuses promenades et excursions : Tours de Chignin et chapelle de Saint-Anthelme, Notre-Dame-de-Myans et les abîmes de Myans, Challes-les-Eaux, le mont Saint-Michel, le lac de la Thuile, et le rocher du Guet (La Savoyarde). — Vignobles renommés. — Voiture à volonté en face de la gare.*

Hôtel de la Gare, Girard, propr., 10 chambres, 13 lits — Arrangements suivant la durée du séjour. Cuisine bourgeoise. Electricité. Garage. Jardin. Voitures particulières ainsi que pour excursions. A proximité de Challes-les-Eaux. Téléph. 1.

VILLA-CHALET meublé. — Salon avec piano, salle à manger, fumoir, cuisine, 7 chamb., 2 chamb. domestiques ; 12 à 14 lits. jardin. beaux ombrages. électricite au rez-de-chaussée, argenterie, vaisselle, à 500 mètres de l'église, à 800 mètres de la gare P.-L.-M., à louer du 15 mai au 10 septembre : 600 fr. par mois, minimum 2 mois 1/2. — S'adresser à *M. le docteur Antoine Dénarié, 13, rue des Portiques, Chambéry.* (Loué pour 1923).
~~~~~~~

CHINDRIEUX 🚂 ✉ ☎ Téléph. — *336 mètres d'altitude, station de chemin de fer, près du lac du Bourget, promenade en bâteau, pêche, à 15 kilomètres d'Aix-les-Bains.*

Hôtel Tarut, L. Guiguet-Chevron, propr., ouvert toute l'année, 10 chambres, 16 lits, salon, piano, jardin, tonnelles, belle terrasse ombragée, vue et promenades sur le lac du Bourget. Pêche. Excursions La Chambotte et l'Abbaye d'Hautecombe. Chambres dep. 5 fr., repas 7 fr. v. n. c. Pension 16 fr., minimum 15 jours. Arrangement pour familles et séjours prolongés. Thés Garage. Electricité. Téléphone n° 1.

~~~~~~

CRUET 🚂 ✉ ☎ Téléph. — 315 *mètres d'altitude ; en belle exposition, dominant la vallée de l'Isère ; vue splendide des Alpes de Savoie et du Dauphiné. Pays de pêche. Excursions au lac de la Thuile, dans le massif des Bauges. — Approvisionnements faciles à Montmélian et à Cruet même. — Facilités pour cures de raisins.*

CHATEAU de PARAVY. — 7 chambres, 10 lits. électricité, parc ; près de l'église, un quart d'heure de la gare. S'adresser à *Mme Le Blanc de Cernex à Cruet (Savoie)*.

CHATEAU du COLOMBIER meublé confortablement. 12 pièces, 8 lits, vaisselle et batterie de cuisine, argenterie, piano. — Eau dans la cour. Electr. — Ombrages ; jardin ; terrasses ; vue superbe. — Remises. — S'adr. à *Madame Crud, Grande-Rue, à Moûtiers.*

LA RIVE. – Grande habitation meublée, 10 pièces, 6 chambres, eau, cour ombragée, jardin, garage. Vue splendide sur le Mont-Blanc et les Alpes. S'adresser à *Mlle Ad. Morel, boulevard de la Madeleine, 110, Marseille.*

~~~~~~

CURIENNE. ✉ ☎ Téléph. — *712 mètres d'alt., à 9 kil. de Chambéry, route de voiture.*

Un hôtel ; restaurants.

~~~~~~

DESERTS (les) ✉ ☎ Téléph. — 950 *mètres d'altitude, à 14 kilomètres de Chambéry, à 6 kilomètres de Saint-Jean-d'Arvey; tout proche du Nivolet, du mont Revard ; belles prairies, bois, air très pur.*

Hôtel-Pension-Restaurant Bon-Repos, M. Dumaz, propr. ; ouverture mois de juin : prix modérés ; pré ombragé.

Le Coin du Feu, « *chez Bal* ». Châlet du Club *Aix-Revard-Chambéry*. Gde salle à manger. 6 chambres à 2 lits. Beurre frais, œufs, café. Ouvert tous les jours du 15 décembre au 15 mars, et du 15 juin au 30 sept Le gérant Pierre Bal, dit l'Econome, habite à la Lézine ; il est mieux de le prévenir.

REFUGE-ABRI DU NIVOLET (altitude 1545 m.)

~~~~~~

ECHELLES (les) ✉ ☎ Téléph. — *456 mètres d'altitude, à 1 h. ½ de Chambéry par* 🚂 *P.-L.-M. et V.-S.-B. — Station de villégiature au pied du massif de la Grande-Chartreuse ; centre de nombreuses excursions ; belles routes pour bicyclettes ; climat tempéré permettant les villégiatures de printemps et d'automne aussi bien que celles estivales.*

Dans le voisinage : les Grottes des Echelles, le passage du Frou, la Bauche-les-Eaux, la Grande-Chartreuse, etc.

Hôtel du Centre, Vial Etienne, propr., ouvert toute l'année, 13 chambres, 15 lits, pension 16 fr. Cour ombragée.

A louer dans le Massif de la Grande-Chartreuse à St-Christophe (Savoie), site agréable, tranquillité, air pur, à proximité des bois et pêche, alt. 480 m. Nombreuses excursions ; à 2 kilom. environ de la station climatérique des Echelles, jolie VILLA meublée ; salon, bureau, salle à manger, véranda (belle vue), cuisine avec sa batterie, vaisselle, argenterie, couvertures, 7 chambres à coucher, cabinet de toilette, w.-c. à chasse, bains, sonnerie et éclairage électrique, jardin avec de beaux ombrages, auto-garage. Facilité d'approvisionnements, œufs et lait sur place. S'adr. à *Mlles Durand, Les Echelles, Savoie.*

~~~~~~

ECOLE ✉ ☎ Téléph. — *520 mèt. d'alt., à 4 kilom. 1/2 du Châtelard ; courrier sur Saint-Pierre-d'Albigny ; service auto du Châtelard à Aix-les-Bains ; voitures à volonté. Point de départ pour ascension du Trélod, de l'Arclusaz, de l'Arcalod, etc. Excursions dans la forêt de Bellevaux.*

Deux Hôtels

~~~~~~

ENTREMONT-LE-VIEUX. ✉ ☎ Téléph — *837 mètres d'altitude, sur la route de Chambéry à la Grande-Chartreuse par le col du Frêne-Granier ; à 16 kil. 700 des Echelles ; courrier ; à 19 kil. de Chambéry et à 20 kil. de la Chartreuse. — Point de départ pour l'ascension du Mont-Granier, de l'Alpette, d'Hauterens, du mont Joigny ; excursions aux gorges du Frou et Corbel, aux sources du Guiers au col de Lelia, dans le massif de la Grande-Chartreuse. L'été, Entremont est desservi par les auto-cars Chambéry-la-Grande-Chartreuse-Grenoble.*

Hôtel Gandy, Ant. Gandy, propr. (ouvert toute l'année), 15 ch. Pension, prix modérés. — Arrangements pour séjours. — Garage.

Hôtel du Mont-Granier, Perret Séraphin, prop. Ouvert toute l'année. Pension. Arrangements pour famille. Chambres, prix 6 fr. ; repas 6 fr. 50. Pension 14 fr. tout compris.

~~~~~~
~~~~~~

COL DU FRÊNE. — 956 *mètres d'altitude. Courrier de St-Pierre-d'Albigny au Châtelard. Vue superbe sur les Alpes de Savoie et du Dauphiné, sur la Combe de Savoie et l'entrée de la Maurienne.*

Hôtel Morat, café-restaurant, J. Morat, propriétaire; belvédère incomparable. Courrier à la gare de Saint-Pierre-d'Albigny.

~~~~~~

COL DU FRÊNE-GRANIER. — *1164 mètres d'altitude, vue incomparable au pied de la Dent du Granier, à pic rocheux de 1.000 mètres ; route de Chambéry à la Grande-Chartreuse ; passage des auto-cars de la route des Alpes.*

Chalet du Mont-Granier, A. Binder, propriétaire au Col du Frêne-Granier (1.164 m. d'alt.). — Ouverture le 1er mai. — Superbe point de vue. Service régulier d'auto-cars. Repas 10 fr., v. n. c.; tea-room.

~~~~~~

HAUTEVILLE Télég. — *450 m. d'altitude. Bureau de poste à Châteauneuf : gare à Chamousset, à 5 kilomètres. Bonne situation. Belle vue. Bois. Excursions au lac de Sainte-Hélène, aux Tours de Montmayeur, au Château de Miolans, etc., etc.*

Café-Restaurant-Pension de Famille, Pépin Fabien, propr. Ouvert toute l'année. 5 chamb. 8 lits, repas 5 fr. v. c. Pension depuis 10 fr. Electr. Pré ombragé. Voitures à volonté.

APPARTEMENT meublé. 3 pièces et une cuisine. Terrasse, eau dans la cour, belle vue. A louer mai, juin, juillet 450 fr. la saison. Service de voitures à volonté. S'y adres. à *Mme Philomène Pépin, rentière, place du Vieux-Tilleul.*

~~~~~~

LEPIN-LAC-d'AIGUEBELETTE. Téléph. 385 *m. d'al. aux bords du lac d'Aiguebelette. Canotage. Pêche. Excursions à la Bauche-les-Eaux, au Château de Rochefort, au Mont-Grelle, au Signal (1426), etc.* — **Syndicat d'initiative du Lac d'Aiguebelette et du Guiers.**

Hôtel-Chalet du Lac, M. Folliet, propr., ouvert toute l'année. — 40 chambres, 55 lits. — Chambres depuis 5 francs, eau courante dans plusieurs chambres. — Petit déjeuner 1 fr. 50, repas depuis 7 fr. vin n. c. — Pension depuis 16 fr. par jour, à partir de 10 jours. — Service par petites tables. Arrangements pour familles et séjours prolongés. — Salles de bains, confort, électricité, piano, parc ombragé, auto-garage, bateaux de pêche et promenade, cuisine très soignée, chauffage central, téléph. 1.

Hôtel-Restaurant, Cambet Edouard, propr. Ouvert toute l'année. 3 chambres (vue sur le lac). 4 lits. Pension 16 fr. v.c. Jardin et bois ; à 200 m. du lac ; bateaux de promenade.
~~~~~~

Pension de Famille, Mlles César Grimonet, propr. Ouvert toute l'année. A proximité du lac et de la Gare de Lépin (500 m.). Cure d'air et de repos ; prairie ombragée ; centre de jolies promenades. Pension minimum 8 jours. Electricité, garage.

~~~~~~

LESCHERAINES ✉ ☎ Téléph. — 691 *mètres d'altitude, à 25 kilomètres d'Aix-les-Bains ; service de correspondance régulier (autobus) ; nombreuses promenades et excursions. — Pêche dans le Chéran.*

Deux Hôtels.

~~~~~~

LUCEY ✉ ☎ Téléph. — 232 *mètres d'altitude, à 7 kilomètres de Yenne, au bord du Rhône, sur le passage de l'autobus de Culoz à Yenne et sur la route du circuit du col du Chat. — Récolte de truffes. — Vignobles renommés.*

Hôtel Balmonet. Thévenoud, propr. Ouvert toute l'annee. 9 chambres, 12 lits. Prix de la chambre 3 et 4 fr.; petit déjeuner à partir de 0 fr. 80; repas 7 fr.; souper 4 fr. 50. Pension à partir de 12 fr., minimum 8 jours. Vin du pays : Altesse, Marestel.

Hôtel du Commerce Puthod, propr. Ouvert toute l'année. 8 chambres, 11 lits. Pension dep 12 fr. ; repas dep. 6 fr.

~~~~~~

MONTCEL (le) ✉ ☎ Téléph. — 596 *mètres d'altitude. — Service d'autobus avec Aix-les-Bains. — Très bonne exposition ; belle vue.*

Restaurant-Pension de famille. Pégaz Claude, propr. Ouvert pour la saison d'été. 12 chambres, 12 lits. Pension 22 fr. chambre comprise. Arrang. p[r] familles ou table d'hôte. C os ombragé Garage.

~~~~~~

MONTMÉLIAN 🚉 (buffet) ✉ ☎ Téléph. — *274 mèt. d'alt., à 14 kil. de Chambéry ; promenades intéressantes : le lac de Ste-Hélène, les tours de Montmayeur, le lac de La Thuile, etc...*

Hôtel des Voyageurs, Berthier, prop., quai de l'Isère. — Ouvert toute l'année, 10 chambres, 16 lits. — Ch. depuis 5 fr., petit déjeuner 1 fr., repas 6 fr., pension depuis 12 fr. minimum 8 jours. — Electricité. — (Une Annexe).

Café-Restaurant. Essence, huile, carbure pour autos. Louis Boccoz, propr., quai de l'Isère.

A ARBIN (1 k. de Montmélian, 2 k. de la gare). — A louer p. saison, appart. meublé. 1er étage, 4 p., cuisine, salle à manger, 2 chamb., 2 lits plus 1 lit d'enfant, eau. électr., w.-c., balcon, belle vue sur les Alpes. Prix : 2 m. 450, 3 m. 550 fr. (Au besoin linge). *S'adr. à M. Rabot, Arbin par Montmélian.*

MAISON DU CREST, à louer à Arbin. — 8 pièces meublées écurie, remise, 25 minutes de la gare de Montmélian ; belle vue et bon air. *S'adresser à M. le Comte de la Fléchère. Culoz (Ain).*

~~~~~~

MOTTE-EN-BEAUGES (la) Téléph. — *687 mèt. d'alt. Bureau de poste à Lescheraines : sur le passage de l'autobus d'Aix-les-Bains au Châtelard. — Site agréable. — Centre de promenades et excursions.*

Hôtel Brunod. Ouvert toute l'année. Brunod, propr. Hameau du Rocher. Pension. Cabine téléphonique à l'hôtel.

VILLA meublée à louer au Val de Cerise. Cuisine, salle à manger, cave, 4 chambres à coucher, w.-c. Electricité. Garage. Renseignements à *A. Chauland, 6, rue du Parc, St-Mandé (Paris-Est).*

~~~~~~

MOTTE-SERVOLEX (la) ✉ ⚡ Téléph. — 280 *mètres d'altitude, à 5 kilomètres de Chambéry; tramway. — Agréable situation. — Promenades et excursions intéressantes : au lac du Bourget, cascades et château de la Serraz, col de l'Epine, Mont-du-Chat, etc.*

Hôtel Beau-Site (ouvert toute l'année), Mme Vve Baboulaz, propr. 15 ch., 1 salon. — Ch. dep. 4 francs, petit déj. 1,50, repas 6 fr. v. n. c. — Pension, prix modérés. — Jardin, élect. téléph, o 15.

Hôtel-Restaurant Bouchet (ouvert toute l'année). — Diners sur commande, grande salle pour noces et banquets.

~~~~~~

MYANS ⚡ Téléph. — 361 *mètres d'altitude, à 2 kilomètres de la gare de Chignin-les-Marches. Lieu de pélerinage renommé. Auprès des abîmes de Myans et petits lacs des Pères, lac Noir, de Saint-André, etc...*

HOTELS.

Café-restaurant Girard, ouvert toute l'année.

~~~~~~

NOVALAISE. ✉ ⚡ Téléph. — *428 mètres d'altitude, courrier autobus 2 fois par jour avec gare Lépin. Centre d'excursions (col de Novalaise, vue superbe) et de promenades.*

Hôtel Bellemin Noël (ouvert toute l'année). Veuve Bellemin Noël, propr. 25 ch., 32 lits ; ch. depuis 5 fr. ; petits déj. depuis 1 fr. 25 ; repas depuis 6 fr., vin compris. Pension depuis 12 fr., v. n. c. ; minimum 8 jours ; conditions spéciales en juin et juillet ; cuisine soignée. Jardin ombragé. Jeux de boules. Téléph. n° 2. Bureau de correspondance de l'autobus.

APPARTEMENT meublé confortablement, bien situé, à proximité de la montagne et lac poissonneux, avec grand jardin ombragé, cuisine eau sur évier, grande salle à manger, 3 à 5 chambres à coucher dont 4 avec lit à 2 places à volonté, cave, buanderie, salle de bains, au besoin garage, jouissance de la partie ombragée du jardin. Prix à débattre. S'adresser à *M. Raoul Berlioz, à Novalaise.*

~~~~~~

PONT-DE-BEAUVOISIN Téléph. ⚲ ▬ ✉. — *240 m. d'altitude.* — Hôtels.

~~~~~~

PONTET (Le) ⚲ Téléph. — 880 *mètres d'altitude, à 14 kil. de la Rochette. — Tramway de La Rochette à Pontcharra. — Poste à La Table. — Excursions de Montgilbert, col du Grand Cucheron. — Pêche dans le Gelon. — A proximité de promenades et de bois de sapins à vue étendue. — Chasse. — Lait. — Fruitière.*

Hôtel du Grand-Cucheron. Mermoz Louis, propr. Ouvert toute l'année. Repas dep. 4 fr. v.n.c. Chambres dep. 5 fr. Pension dep. 11 fr. v.n.c. Jardin. Ombrages. Voiture à volonté.

MAISON meublée à louer, 8 pieces, 5 chambres, 6 lits, eau sur évier, cuisine garnie ; 800 fr. par mois ; arrangements pour séjour ; libre jusqu'au 10 sept. Jouissance d'un clos, d'un jardin potager. Lait, beurre, œufs sur place. Garage au besoin. Pêche à proximité. Cure d'air et de repos. S'adr. à *M. Ducreux, Bourg-St-Maurice (Savoie).*

~~~~~~

PORTOUT par CHINDRIEUX ✉ ⚲ Téléph. ▬ *à Chindrieux à 3 kilomètres. — 240 mètres d'altitude, au bord du lac du Bourget et du canal de Savières, sur la route d'Hautecombe. — Promenades et pêche.*

Un Hôtel-Restaurant.

~~~~~~

LA RAVOIRE ✉ ⚲ Téléph. — 319 *mètres d'altitude, à 3 kilomètres de Chambéry, et de même à 3 kilomètres de Challes-les-Eaux et au centre de la vallée, permettant promenades faciles et intéressantes dans toutes directions. Localité relativement desservie par tramway de Challes et par courrier d'Apremont.*

Restaurant-Pension de famille. Gotteland, propr. à la Villette, près de Barberaz. Ouvert toute l'année. Repas 8 fr. Pension 16 fr. par jour. Jardin et jeux divers.

~~~~~~
~~~~~~

REVARD (le mont). — *Station de haute altitude, à 1.545 mètres; chemin de fer à crémaillère d'Aix-les-Bains. On y accède, principalement d'Aix-les-Bains par le chemin de fer, ou, de Chambéry, par Saint-Jean-d'Arvey, les Déserts (route nouvelle ouverte à la circulation entre Plainpalais, Les Déserts et le Mont-Revard).*

Magnifiques prairies et prés-bois. Forêts. Vue splendide sur le lac du Bourget, les Alpes, le massif de la Chartreuse. — Air très pur.

Saison d'été et saison d'hiver. En hiver, tous les sports. Concours ; Fêtes sportives, etc...

Hôtel et **Restaurant** du Mont Revard sur Aix-les-Bains, ouvert du 1er mai au 30 sept. et du 15 décembre au 15 mars. — 80 chambres, 120 lits. — Arrangements spéciaux pour pension. — Chauffage central, électricité, salle de bains salle de billard. tennis, téléph. 2-18 Aix-les-Bains. — Vue splendide sur le Mont Blanc, les Alpes de Savoie et du Dauphiné, etc.

Chemin de fer à crémaillère, une réduction de 50 % est accordée aux pensionnaires de l'Hôtel sur le prix du parcours aller et retour du Revard à Aix-les Bains.

\\\\\\\\\\\\\\\\

ROCHETTE (la) ✉ T Téléph. — *360 mèt. d'alt ; tramway depuis gare P.-L.-M. de Pontcharra ; ravissantes excursions à Arvillard, Chartreuse de Saint-Hugon, tours de Montmayeur ; ascensions dans le massif des Alpes Dauphinoises Mauriennaises.*

Trois **Hôtels**.

\\\\\\\\\\\\\\\\

RUFFIEUX ✉ T Téléph. — *296 mètres d'altitude.*

Hôtels.

\\\\\\\\\\\\\\\\

SAINT-ALBAN. — 285 *mètres d'altitude, à* 4 *kilomètres de Chambéry ; services de voitures journaliers* (✉ T Téléph *à Leysse-St-Alban*).

VILLA *La Réjouie* meublée. — 14 pièces. — garage. — S'adresser à Mme Soupat-Guiter, 9, rue Vaugelas, à Chambéry.

\\\\\\\\\\\\\\\\

SAINT-BALDOPH ✉ T Téléph. — 305 *mètres d'altitude, à* 5 *kilomètres de Chambéry, courrier de Chambéry, St-Baldoph, Apremont.*

Café-Restaurant-Pension de famille, Jacquier Jph, propr. Ouvert toute l'année. 3 chambres, 6 lits, repas dep. 5 fr. v c. Pension 15 fr. tout compris. Electricité. Pré ombragé. Voiture à volonté. Jardin d'agrément.

PAVILLON meublé de 6 pièces, s'adr. à *M. Jacquier, café-Restaurant.*

~~~~~~

SAINT-BERON P.-L.-M., V.-S.-B. et T.-P.-B., ✉ ⚡ Téléph. 333 *mètres d'altitude. Point de départ pour l'excursion de la Gde-Chartreuse par le V.-S.-B. et St-Laurent du Pont.*

Hôtel des Touristes, E. Buissonnet, prop., face les gares du P.L.M. et des tram. T.P.B. et V.S.B., ouvert toute l'année, 22 chamb., 26 lits, prix modérés. Salon, piano, jardin, électricité, téléph. 0,03.

~~~~~~

SAINT-FRANC.— 700 *mèt. d'alt.; dans les environs des Echelles et de la Bauche-les-Eaux. Petite station climatérique toute nouvelle. Très bonne exposition en plein midi, abritée du nord. Vue panoramique superbe sur tout le massif de la Chartreuse, les plaines du Dauphiné et les montagnes du Bugey. Bois. Hôtellerie ouverte toute l'année.*

Hôtellerie Sainte-Anne (Camille Maré, fermier général), ouverte toute l'année. Chambres T. C. F. (30 lits). – Cures d'air, de repos et de villégiature. Téléphone n° 6, à Saint Beron (Savoie). – Chambres dep 4 fr., pet. déj. 1 fr. 50, déjeuner et dîner dep. 7 fr. v. c. Pension depuis 14 fr. par jour tout compris, minimum 15 jours. — Jard., grandes terrasses, jeux. Env. contre t. p. de notices illustrées.

~~~~~~

SAINT-GENIX-sur-GUIERS ✉ ⚡ Téléph. 236 *mètres d'altitude, gare P.-L.-M. à Aoste (Isère), et gare Est de Lyon à Aoste-Saint-Genix (Isère) à quelques pas de Saint-Genix (Savoie); tramway sur St-Béron. Services Automobiles, en été, sur Chambéry, etc. Belles routes pour bicyclettes. Pays de chasse et de pêche.*

Hôtel Labully (ouvert toute l'année). — Chamb. depuis 5 fr., petit déjeuner, 1 fr. 50, déjeuner et dîner. 7 fr. v. c. Pension : 14 fr. v. c. ; minimum. 8 jours. Garage, électricité, salles de bains, salons, pianos, tennis, téléph. 3.

~~~~~~

SAINT-JEAN-D'ARVEY ✉ ⚡ Téléph.— 566 *mètres d'altitude, à 8 kilomètres de Chambéry; services d'autobus journaliers. En belle situation, garantie des vents du nord par le Mont-Saint-Jean et le Nivolet; belle vue. Est admirablement placé pour séjours de printemps et d'automne et même d'hiver.*

Hôtel Grangeat (ouvert toute l'année). Prix modérés. Arrangements pour famille et longs séjours.

Hôtel Therme, Vve Jean Therme, prop. — 10 chambres, 16 lits, prix suivant séjour. Pension. — Jardin, cour ombragée, terrasse.

CHATEAU de SALINS meublé. — Salon, salle à manger, cuisine, 7 chambres maîtres, 2 chambres domestiques, chapelle. — Beaux ombrages. — S'adresser à *Mme Perrier de la Bâthie, à Saint-Réal, par Saint-Pierre-d'Albigny.*

~~~~~~~~

SAINT-JEOIRE-PRIEURE ✉ ⊤ Téléph. — 357 *mètres d'altitude à 8 kilomètres de Chambéry; à 1 kilomètre de Challes-les-Eaux; tramway.*

CHATEAU de FAVRAZ meublé (près de Challes-les-Eaux). — Vue unique sur la chaîne des Alpes. — 14 pièces, 10 chambres dont 2 de domestiques. — Eau ; vaisselle, batterie de cuisine. — Parc. — Œufs et lait sur place. S'y adresser à *M. Maure.*

MAISON de CAMPAGNE meublée. — 5 minut. du tram. — 3 chamb. 4 lits ; salle à manger, cuisine, vaisselle, argenterie, w.-c. Clos ombragé, bois, source jaillissante. Site splend. — S'adr. à *Mme Vve Pascalie, propr., 8 bis, rue de l'Arrivée, Paris (XVe).*

~~~~~~~~

SAINT-PIERRE-D'ALBIGNY 🚂 ✉ ⊤ Téléph. — 404 *mètres d'altitude, services à tous les trains; excursion des Bauges par le col du Frêne, par autobus de la gare de Saint-Pierre au Châtelard : nombreuses promenades : notamment au château de Miolans. — Belle exposition, garantie des vents du nord ; belle vue sur les Alpes. — Pharmacie ; médecin.*

Hôtel Central. Jules Billemaz propr. Ouvert toute l'année. 14 chamb. 20 lits, salon, piano, salle de bains. Electr. Chauf. Hôtel-restaurant recom. à MM. les voyageurs de commerce. Pension pour famille. Jardin. Garage. Cuisine bourgeoise. Téléph. n° 5.

Hôtel du Commerce, Antonin Saunié, propr., chef de cuisine. Ouvert toute l'année. 20 lits. Installation moderne. Cuisine bourgeoise. Chambre depuis 4 fr. Petit déjeuner 1 fr. et 1 fr. 50. Repas depuis 6 fr. 50, vin compris. Pension depuis 15 fr par jour. Arrangements pour familles faisant un long séjour. Electricité. Garage. Jardin. Prés ombragés. Piano. Tél. n° 16.

APPARTEMENT meublé, 7 pièces, grande terrasse, jouissance d'un clos avec grands ombrages. S'adresser à *Mme Perrier de la Bâthie,* St-Réal par St-Pierre-d'Albigny.

~~~~~~~~

SAINT-PIERRE-d'ENTREMONT (*Savoie et Isère*) ✉ ⊤ Téléph. — 640 *mètres d'altitude, à 11 kil. 700 des Echelles ; courriers par la route du célèbre grand-Frou; centre d'excur-*
~~~~~~~~

sions, d'ascensions dans le massif de la Chartreuse; cascades, grottes du Guiers-Vif. Bureau des autos-cars P.-L.-M.

Café-Hôtel-Restaurant, Jules Guiguet, propr., route du Cozon. Ouvert toute l'année. — 4 chamb., 6 lits. — Pension prix modérés. Arrangements pour séjour.

Hôtel Mollard, Jph Mollard, propr. Ouvert toute l'année. 18 chambres, 34 lits, repas 10 fr. Chambres : le lit 8 fr. Pension 20 fr. Electricité. Jardin. Garage.

Pension de famille. Mme Chatagnon, *Villa Jeanne-d'Arc*, ouverte du 10 juin à fin septembre, cure d'air et de repos, jardin, électricité. — Pour tous renseignements, s'adresser à Mme Chatagnon, avant le 10 juin, Pension de famille, 353, avenue Jean-Jaurès, à Lyon; après, à la Villa Jeanne-d'Arc.

MAISON neuve à louer au mois ou à l'année : 12 pièces dont 10 meublées, cuisines, salles à manger, 8 chambres 8 lits, mobilier neuf, balcons, électricité Le tout ou séparément. S'adresser à *Mme veuve Curtet propr., Saint-Pierre-d'Entremont (Savoie).*

~~~~~~

SERRIÈRES-EN-CHAUTAGNE ✉ ☎ Téléph. — *Altitude 230 m. Gare de Chindrieux à 8 k. courrier, ou de Culoz à 8 k. — Chasse et pêche.*

Hôtels et Auberges.

APPARTEMENT meublé de 4 grandes pièces, 1 cuisine, batterie de cuisine, 3 chambres, 3 lits, draps sauf linge de ménage et de toilette. Electr. Eau. Cave. Jardin potager et d'agrément. (200 fr. par mois. Arrang. p. longs séjours). S'adr. à *M. Blondeau, Gendarmerie à Chambéry.*

~~~~~~

TABLE (La) ✉ ☎ Téléph. — *Altit. 864 m. à 19 k. de La Rochette (tramway de La Rochette à Pontcharra). Cure d'air et de repos. Excursions : Col du Gd Cucheron. La Vallée des Huiles. Ascension d'Arbarétan. Col de la Perche, etc.*

Hôtel Villard. — Jérémie Villard, propr., ouvert toute l'année, 7 chambres, 13 lits. Chambre dep. 4 fr. Repas dep. 5 fr. Pension dep. 10 fr. Garage. Jardin. Jeux de boules. Mulets et voiture à volonté.

~~~~~~

THUILE (la) ☎ Téléph. — *820 mètres d'altitude; lac, pêche, séjour, cure d'air, excursions. — On parvient à la Thuile soit de Challes-les-Eaux et Saint-Jeoire-Prieuré (tramway), soit de Cruet (🚂 P.-L.-M.), par routes intéressantes. Plusieurs courriers automobiles par jour. Consulter l'affiche pour les heures.*
~~~~~~

Café-Restaurant, A. Gayet, propr. (ouvert toute l'année)· Repas à toute heure dep. 8 fr. v. n. c. Cuisine bourgeoise. 6 chambr., 9 lits. Chamb. dep. 6 fr. Pension prix modérés. Auto garage. — *Service d'auto-cars :* Chambéry-Challes-les-Eaux-La Boisserette-Curienne-La Thuile et son lac.

Café-Restaurant Maréchal, ouvert toute l'année, petit déj. dep. 0,50. Repas 8 fr. v. c. Chambres meublées dep. 6 fr., laitage, consommations. Terrasse près du lac. Voitures à volonté.

Hôtel Veillet, Fr. Veillet propr. et propr. du lac, pêche à la ligne, promenades, ouvert toute l'année. — 10 chambres, 14 lits, prés ombragés, à proximité du lac, barquette. Chambres de 4 à 6 fr. Pension 14 fr., v. n. c., minimum 10 jours, cuisine bourgeoise soignée. Services automobiles. Arrangements pour familles.

Service automobile par Chambéry-Bassens-St-Alban-St-Jean-d'Arvey-Thoiry-Puygros-Curienne La Thuile et son lac. *Jph Vincent*, propr.

VILLARD-SALLET, *350 m. alt., à 4 kil. de La Rochette, à 10 minutes de La Trinité (Téléphone), centre de promenades et excursions.*

MAISON à louer, meublée, 17 pièces, 8 chamb. de maîtres, 2 chamb de domestiques, 12 lits, 2 salons, piano ; baignoire ; eau courante dans la maison et à la buanderie ; clos 1 hect. ; jouissance du jardin potager. S'adr. à *M. le Baron de Rolland*, 20, rue de France, Nice.

VIVIERS (Le) 🚉 ✉ T Téléph. — *268 m. d'alt., à 4 kil. d'Aix-les-Bains et 10 kil. de Chambéry, à 1 kil. du lac du Bourget ; chasse, pêche, canotage.*

Café-Restaurant « Aux Rives du Lac », Jean Mietton, propr., à Terre-Nue. — Terrasse sur le lac. — Téléph. 2.

Café-Restaurant Aux Quatre-Chemins, M. J.-B. Marillet, propr., ouvert toute l'année. Cuisine renommée. Repas dep. 6 fr. v. n. c. Garage. Tonnelles ombr. Téléph. 1 permanent. Spécialités.

Hôtel-Restaurant moderne, M. Marius Brand, propr. près du lac. 11 chambres. Chambr. dep. 6 fr., petit déj 1 fr. 25. Repas 7 fr. v. c. Pension complète 14 fr. Repas à toute heure.

YENNE ✉ T Téléph. — 229 *mètres d'altitude, à* 28 *kilomètres de Chambéry; gares P.-L.-M. à Brens-Virignin et à Belley. — Services d'autobus sur Brens-Virignin et sur Culoz.* — **Syndicat d'Initiative local.** *Sur les bords du Rhône, à quelques pas du fameux défilé de Pierre-Châtel, en une contrée fertile et gracieuse. — Excursions dans le Bugey, au Mont-du-Chat, au lac du Bourget et Abbaye d'Hautecombe, au lac d'Aiguebelette, au col de Crusille et château de Rochefort (souvenirs de Mandrin). — Pays de pêche ; ré-*

colte de truffes à Lucey. — Vignobles renommés; vins mousseux de Marétel et Altesse. — Médecins et pharmacien.

Hôtel Labeye et des Voyageurs, Vachod propr. (anciennement Labeye). Ouvert toute l'année. — Cuisine renommée. Electricité. Chauffage central. Téléphone n° 5.

APPARTEMENTS meublés de 2. 3 et 4 pièces, vue superbe, région pittoresque. S'adresser à *M. H. Genin*, Yenne (Savoie).

CHATEAU DE SOMONT, à louer pour la saison, à 3 k. 500 de Yenne, 330 m d'alt. 7 chambres, 9 lits. Vaisselle, batterie de cuisine, eau sur l'évier et dans la cour, beaux ombrages, vue superbe, garage. S'adr. à *C. Borgey, route de Belley, Yenne (Savoie).*

Arrondissement d'Albertville

ALBERTVILLE 🚉 ✉ ☎ Téléph. — 340 *mètres d'altitude ; à la jonction des vallées de l'Isère, du Doron, et de l'Arly, et à l'entrée de la Combe de Savoie. Site agréable, centre recommandé de promenades et excursions, dans les vallées de Beaufort, aux forts du Mont, des Têtes..., etc., à l'abbaye de Tamié, au château de Miolans, aux Gorges de l'Arly..., etc.* **Syndicat d'Initiative local.**

Hôtel Buffet de la Gare. D. Donaz, propr. Ouvert toute l'année. 20 chambres, 30 lits. Ch. à 1 lit, 1 pers., 8 fr. ; 1 lit, 2 pers., 10 à 12 fr. ; 2 lits, 14 à 16 fr. Petit déj. servi en chambre, 2 fr. 50 ; à la salle, 2 fr. Repas 6 et 8 fr. v.c. Electr., chauffage Garage. Tél. 14.

Hôtel Million, Ambroise Million, propr., place de la Liberté. — Ouvert toute l'année. — 32 chambres, 50 lits, chauffage central. Petit déj. 2 fr. Repas table d'hôte 7 fr., v.n.c. Chambre 1 lit 6 à 10 fr., 1 lit 2 pers. 9 à 15 fr., 2 lits 12 à 16 fr. — Pension juin et sept. 20 fr. Omnibus. Garage. Téléphone 15.

Restaurant Chêne, rue Claude-Genoux. Prix fixe et à la carte. Chambres confortables. Arrangements pour séjour.

VILLA BEL-AIR meublée à louer. Situation remarquable, vue unique sur Albertville (3 kil.), les vallées de l'Arly et de l'Isère. Salle à manger (piano), cuisine, 3 chamb.. 4 lits, vaste balcon. Ecurie, garage. Arrang. suivant séjour et nombre de pièces. S'adres. *Restaurant Chêne, à Albertville* (Savoie).

ARÈCHES ☎ Téléph. — *1.080 m. d'alt. ; sapins ; à 5 kilomètres de Beaufort. Service automobile Albertville-Beaufort. Très beau site. Proximité des sapins. Air très pur. Nombreuses promenades très intéressantes. Point de départ pour l'ascension du Grand-Mont et du Mirantin.*

Hôtel Viallet, J.-B., Viallet propr., ouvert du 20 juin au 1er octobre. — 18 chambres, 24 lits ; chambre 4 fr.; petit déjeuner 2 fr.; repas 6 fr. ; pension (juillet, août, 14 fr. ; juin, sept., 13 fr.), minimum 15 jours. Salon, piano, terrasse ombragée, électricité.

A louer CINQ APPARTEMENTS meublés de trois grandes pièces y compris cuisine ; 3 lits, batterie cuisine, draps. Eclairage électrique. Balcons. Maison neuve indépendante, bien exposée ; à quelques mètres du chef-lieu. Eau devant la maison. Prix : 500 fr. par appartement de 3 pièces pour la saison. — S'adresser au propriétaire, *M. Blanc-Gonnet Jacques, à Arêches, par Beaufort.*

A louer pour la saison TROIS PIÈCES MEUBLÉES ; cave, élect., balcons, lits avec draps et couvert., matériel de cuisine. Linge de table et de toilette non fourni. — S'adresser à *M. Chauchaix Jacques, Arêches par Beaufort.*

A louer pour la saison TROIS PIÈCES MEUBLÉES, y compris cuisine, élect., 3 lits avec draps et couvert. Linge de table et toilette non fourni. — Matériel de cuisine, balcon, à 30 mètres de l'Hôtel Viallet. S'adr. à *M. Doix Joseph, prop. à Arêches par Beaufort.*

1° PAVILLON meublé à louer. Balcon, 2 chamb., 3 lits, cuisine, cave, élect.

2° DEUX APPARTEMENTS meublés au même étage, pouvant se réunir, composés chacun de 1 ch. à 2 lits, literie complète, cuisine, balcon, électr., cave. Bien exposé au soleil. Prix 300 fr. l'un pour la saison. S'adresser *à M. Emile Gremaud, Arêches par Beaufort.*

APPARTEMENT meublé, 2 chambres, 3 lits, cuisine avec batterie et vaisselle. Electricité. Grand balcon. Source à 15 mètres. Belle vue. Maison indépendante. S'adr. à *M. Gachet-Mauroz, menuisier, Arêches par Beaufort.*

BEAUFORT ✉ ☎ Télég. — 743 *mètres d'altitude, à 19 kilomètres d'Albertville; centre d'excursions, nombreuses promenades. Autobus entre Albertville et Beaufort. Forêts de sapins aux environs. — Docteur-médecin.*

Hôtel Blanc, J. Blanc, propr., pension 13 fr. (3 repas et chambre) pour séjour à partir de 10 jours. Electricité, garage, téléphone n° 4.

Hôtel du Mont-Blanc (André Lacroix). Maxime Verdun, prop. et succr. (ouvert toute l'année). — Cuisine bourgeoise, chambres confortables, électricité. Arrangements pour familles et long séjour.

Hôtel Viallet, Adolphe Viallet, propr., 8 chamb. 14 lits. Elect. Eau courante chaude et froide. Chamb. 6 fr. Repas 6 fr. Pension tout compris 15 fr. pr jour, juil. et août. 14 fr. juin et sept. W.-C. à chasse. Jardin.

APPARTEMENT meublé, belle situation (loué pour 1923). Chambres meublées (à côté pension de famille) à partir de 5 fr. par jour p. pers. seule, service compris. Arrangements p. famille, cour ombragée, garage p. auto. Châlet de 4 pièces à Rosselend. S'adr. à *M. Michal, notaire à Beaufort.*

APPARTEMENT meublé indépendant à louer, au hameau de la Pierre, à 1,800 mètres avant Beaufort, sur le passage de l'autobus. Vue splendide, forêts de sapins. — 6 pièces, en cas de besoin une septième pour bonne ; 5 lits dont 3 grands. Linge, vaisselle, batterie de cuisine. — Argenterie, sur demande. Eau de source sur évier. — Saison 1000 fr. Arrangts. — DEUXIEME APPARTEMENT, même grandeur que le précédent, divisions différentes, une pièce en moins, 3 grands lits et plus au besoin, grand verger et terrasse, saison, 1000 fr. Arrangements. — S'adresser à *M. Folliet, Hôtel-Chalet du Lac, à Lépin-Lac d'Aiguebelette (Savoie).*

FLUMET ✉ ☎ Téléph. — 917 *mètres d'altitude ; situé sur la grande route des Alpes; centre d'excursions, très belles et très variées; ombrages et forêts à trois minutes. Ascensions de la Torraz, de Bisanne et du Mont-Charvin. — Douanes; médecin, pharmacien; poste de secours à la Douane.*

Gare d'accès : Albertville et Ugine (Savoie), Sallanches et le Fayet-Saint-Gervais (Hte-Savoie); 2 services par jour de courriers automobiles ; services d'automobile entre Flumet et Le Fayet-Saint-Gervais, et de Flumet à Thones et Annecy par le col des Aravis; du 1er juillet au 15 septembre.

(Consulter les affiches).

Hôtel du Mont-Blanc, E. Riou, propriétaire. — 26 chamb., 34 lits, le mieux situé, belle terrasse. — Ouvert toute l'année. — Vue du Mont-Blanc et des Aravis. Chambres T.C.F. depuis 5 fr. Pension de 10 à 18 fr., minim. 8 jours, réduction en juin et septembre. — Jardin ombragé, électricité, salon, piano, garage. — Téléph. 2.

Hôtel des Balances, Arnaud-Dumax, propr. — Situé à cinq minutes de superbes forêts de sapins. — Vue magnifique sur les gorges de l'Arly, le pont de Bellecombe et le ravin. Des galeries on aperçoit le Mont-Blanc. — Bonnes chambres ; literie irréprochable. — Salon, piano. — Cuisine soignée, très copieuse, exclusivement préparée au beurre frais. — Prix modérés. — Electricité. — Auto, garage. — Téléph. n° 7.

FRONTENEX ✉ ☎ Téléph. — 380 *mètres d'altitude ; centre de jolies promenades et excursions. Pêche dans l'Isère.*

Hôtel du Commerce, M. Théophile Fontanet, propriétaire (ouvert toute l'année). Agréable séjour d'été pour cure d'air et de repos. - 25 chambres, 40 lits. — Garage pour autos. Chambre noire ; salle de bains, jeux de boules et de croquets ; balançoires ; pianos. — Electricité, terrasse ombragée. Jardin et verger attenant à l'hôtel. — Chambres depuis 5 fr. ; petit déjeuner, 1 fr. 50 ; Repas, 7 francs. — Pension tout compris 14 à 15 fr. par jour, selon la durée du séjour et selon chambres ; minim. : 8 jours. Envoi de prospectus sur demandes. — Téléph. n° 3.

GIETTAZ (la) ✉ ☎ Téléph. — 1.110 *mètres d'altitude, à 6 kilomètres de Flumet, route des Aravis. Desservie, l'été, par le service automobile des Alpes françaises. Situation ravissante. Proximité des forêts et pâturages. Air très pur. Promenades et excursions variées et faciles. Station d'avenir.*

Villa Jeanne-d'Arc. 1er ordre. 30 chambres. T.C.F. Piano. Bains. Electricité. Garage. Affectée depuis le 1er janvier 1923 à l'Œuvre du Repos de la Jeune fille au grand air. Ne recevra que quelques passagers pendant la saison estivale.

⁂

GRESY-sur-ISERE — 325 *mètres d'altitude. Pharmacie et tous fournisseurs, centre de nombreuses promenades.*

Hôtel du Commerce, veuve Déglise propr , ouvert toute l'année. Chambres confortables. Bonne cuisine savoyarde. Electricité, terrasse ombragée. salon de lecture, pianos. Pension tout compris 14 fr. par jour, minimum 15 jours. Voiture pour excursions. Poste téléph. en face de l'Hôtel.

⁂

HAUTELUCE — 1.153 *mètres d'altitude, à 9 kilomètres de Beaufort; service d'automobile d'Albertville à Beaufort; belle situation près des sapins, soit à Hauteluce, soit, surtout, à Hauteluce-Belleville (4 kilomètres d'Hauteluce) ; point de départ pour excursion du lac de la Girotte et excursion de Saint-Gervais-Chamonix par le col du Joly.*

HOTELS.

⁂

MERCURY-GEMILLY — 550 *mètres d'altitude, à 6 kilomètres d'Albertville, communications faciles, au pied du Pic de la Belle-Etoile ; à proximité des bois. Station climatérique et de repos.*

Hôtel Beau-Séjour. J. Rippe, propr. Ouvert toute l'année. Prix de pension, dep. 16 fr. par jour. Hôtel très bien situé sur la route de Tamié et au pied du pic de la Belle Etoile Vue superbe sur le Mont Blanc. Cure d'air et de repos. Prix spéciaux pour régime. Cuisine bourgeoise très soignée. Piano. Salle de bains. Garage, etc. Auto à l'hôtel pour le service de la gare et excursions.

Chalet-Hôtel Belle-Vue, Antoine Mermoz, propr. — Ouverture saison 1923. — 9 chambres, 12 lits. Pension depuis 14 fr. Cuisine soignée Produits de la ferme. Situation exceptionnelle. Site admirable. Voiture pour le service de la gare d'Albertville et excursions (guide). A 20 minutes du Col de Tamié, à 2 heures du Pic de la Belle Etoile (alt. 1846) Forêts de sapins attenantes à l'hôtel. Diners champêtres. Vastes prairies. Vue imposante sur le Mont-Blanc. Chambres à coucher dominant les vallées de l'Isère. d'Albertville, de Tarentaise. P.T.T. à 20 minutes.

Hôtel-Restaurant Garin, Albert Garin, propr. — Pension. Prix modérés. Situation agréable, vaste jardin et terrasse ombragée ; vue splendide sur le Mont-Blanc et la vallée de l'Isère ; P.T.T. en face de l'hôtel.. — Voiture pour aller prendre les voyageurs à Albertville.

MONTAILLEUR. — *2 kil. de Grésy. Alt. 120 m. Poste et gare Grésy-sur-Isère. Excursions. Tour du Château. Cascades de la Gorge. Cascades de Planvillard.*

MAISON meublée à louer. 4 pièces, 2 lits, électricité, jardin. Téphon à proximité. — Prix à discuter. — S'adresser à *Mme Vellat Jules, à Montailleur, près Grésy-sur-Isère.*

LA TOUR DU PACORET à 1 k. de Grésy ; à louer 2 chambres à 2 lits une chambre à 1 lit, alcôve, salle à manger, cuisine, jardin, terrasse ombragée ; prix à discuter. Prendrait pensionnaires, bonne cuisine bourg. S'adr. à *Mlle Vellat Estelle, à Montailleur, près Grésy-s/-Isère.*

\~\~\~\~\~\~

Notre-DAME-de-BELLECOMBE-sur-Flumet Téléph. — 1.130 *mètres d'altitude, à 3 kilomètres de Flumet. Au milieu de vertes prairies, au-dessus et au-dessous de bois et de forêts, en un site dégagé et en belle vue. Coin délicieux pour retraite estivale paisible.*

Chalet-Hôtel du Mont Charvin, Mme Vve Simon-Rossat-Mignot, propr. — Ouvert du 1er juin à fin septembre, 16 chamb., 24 lits. Pension prix modérés. Electricité, cabine téléphonique.

\~\~\~\~\~\~

ROSELEND. — 1.480 *mètres d'altitude, à 13 kilomètres de Beaufort; voisinage de forêts et de sapins, au milieu de magnifiques prairies; guides et mulets. — Route de Saint-Gervais et Chamonix par le col du Bonhomme et route de Courmayeur par les cols du Cormet et de la Seigne. Roselend constitue, à lui seul, un but de très intéressante excursion, en raison de la beauté du trajet Beaufort-Roselend. Toutes les vallées de Beaufort, trop peu connues, sont, d'ailleurs, parmi les plus belles de la Savoie, et les plus verdoyantes et rappelant le plus la Suisse pastorale.*

Hôtel du Mont-Blanc, M. Gachet Constant, propr. — (1er juin au 1er oct.). — Pension, garage pour auto, voiture à volonté. Téléph.

\~\~\~\~\~\~

Saint-NICOLAS-la-CHAPELLE. — 950 *mètres d'altitude, à 1 kilomètre de Flumet, à 12 kilomètres d'Ugine,* P.-L.-M., *service de voitures, et service automobile du 1er juillet au 15 septembre, par Flumet, sur Thônes et Annecy d'une part; Mégève, Saint-Gervais et Chamonix, d'autre part. — Saint-Nicolas est en un point dégagé, au milieu de la vallée, en belle situation ; air très pur.— ✉ ⊤ Téléph., pharmacie et médecin, à Flumet (1 kilomètre). Provisions à Flumet*

VILLA Marteray, meublée, confortable. — Salle à manger, cuisine, 4 chambres, 5 lits, écurie, remise ou garage; grand balcon. — S'adresser à *M. F. Jiguet, propriétaire à St-Nicolas-la-Chapelle.*

VILLA DES MYRTILLES, 16 pièces, 13 chambres, salon, salle à manger, cuisine, salle de bains, vérandas, chambre noire, eau de source à tous les étages, garage-fosse avec chambre chauffeur. — Electricité, téléphone. — Joli bois de sapins attenant à la villa ; à l'intérieur emplacement pour divers jeux : croquets, tennis, etc... A proxim. de la route nation. n° 212. S'adr. à *M. E. Pettex, propr.*

\\\\\\\\\\

SAINT-PAUL-sur-ISÈRE. *Alt. 380 m. — à Cevins à 3 kil. — Rivière poissonneuse. — Ombrages. Pleine campagne.*

Hôtel Genet. Genet Jules, propr. Ouvert toute l'année. Eau courante chaude et froide. Salle de bains. Chauffage central. Garage. Chambre noire. Tennis. Ombrages. Pension 16 fr. du 1er juillet au 30 sept. ; 14 fr. le reste de l'année. Téléph. 3.

\\\\\\\\\\

TOURNON. — 420 *mètres d'altitude, à* 2 *kilomètres de la gare de Frontenex, à* 6 *kilomètres d'Albertville. — Belle situation. Centre d'excursions.*

VILLA à louer, beaux ombrages, bois, ruisseau Cuisine, salle à manger, 5 ch. 6 lits, avec ou sans linge. Electricité, eau. Argenterie, vaisselle. Garage. Prix à débattre. S'adres. à *M. Varet, propriétaire à Tournon, par Frontenex (Savoie).*

GRANDE HABITATION avec portiques et vaste terrasse. 8 chambres maître, 12 lits, 3 chamb. domest., 4 lits. Eau. Electricité. Téléphone. S'adresser au *Syndicat*, à Chambéry. (Timbre pour réponse).

APPARTEMENT à louer, 6 pièces, 5 lits. Terrasse. Electricité. Verger, jardin. A 1500 m. de la gare. Prix à discuter. S'adr. à *Mme Vve Fraix.*

\\\\\\\\\\

UGINE — *474 m. d'alt. ; service de voitures avec Albertville.*

Deux Hôtels.

\\\\\\\\\\

VENTHON — 530 *mètres d'altitude, à* 3 *kilomètres d'Albertville, sur la route d'Albertville à Beaufort (service d'autobus); excursions, pêche.*

Chalet des Houx. Pratabuy propr. — Pension ; arrangement pour familles et longs séjour, électricité, cabine téléphonique.

\\\\\\\\\\

VILLARD-SUR-DORON ✉ ☎ Téléph. — *712 mètres d'altitude, à 4 kil., de Beaufort ; passage de l'autobus.*

APPARTEMENT meublé à louer pour la saison. 3 grandes pièces ; approvisionnements faciles. Prix pour la saison 500 fr. On ferait le ménage et laverait le linge. S'adr. à *Mme Vve Chamiot Joséphine.*

LA TARENTAISE

(ARRONDISSEMENT DE MOUTIERS)

AIGUEBLANCHE ✉ ☎ Téléph. — *447 mèt. d'alt., à* 3 *kil. de Moûtiers-Salins ; dans une belle vallée, ouverte et riante. Non loin de* La Léchère, *petit établissement thermal. — Forcerie de légumes alimentée par l'eau thermale. (Restaurant près de l'établissement).*

Un Hôtel.

~~~~~~~~

AIME ✉ ☎ Téléph. — *680 mèt. d'alt. — Centre de belles promenades. — Antiquités intéressantes.*

Hôtel-Restaurant des Voyageurs, E. Ligeon, propr., Membre du C.A.F. et du T.C.F., ouvert toute l'année. Cuisine bourgeoise. Service à la carte et à prix fixe. Arrangement p. séjour et familles. Electricité Guides et mulets pour excursions. Garage. Omnibus à tous les trains. Téléphone n° 4.

~~~~~~~~

BOURG-SAINT-MAURICE ✉ ☎ Téléph. — *842 mètres d'altitude. Terminus du chemin de fer P.-L.-M. — Point de départ des excursions du Petit-St-Bernard; de Tignes, Val-d'Isère et col de l'Iseran, des Chapieux, col de la Seigne sur l'Italie, ou col du Bonhomme sur Saint-Gervais et Chamonix, etc. Dans les environs, les eaux thermales de Bonneval-les-Bains, etc.*

Hôtel des Voyageurs, J. Arpin. propr. — Ouvert toute l'année. — 30 chambres, 50 lits. — Salle de bains. — W. cl. — Chauffage central. Garage. Electricité. Jardin. — Téléph. n° 12.

~~~~~~~~

BOZEL ✉ ☎ Téléph. — *872 mèt. d'alt., à 7 kil. de Brides, service d'autos et de voitures ; centre de belles promenades et excursions ; Saint-Bon ; les gorges de Champagny ; cascades et gorges de Ballandaz ; le Mont-Jovet, etc.*
~~~~~~~~

Deux Hôtels.

A louer au Planey, 1150 m. d'altit., 6 k. de Bozel, près des gorges de Ballandaz, DEUX APPARTEMENTS meublés de 5 pièces, (3 chambres, cuisine, salle à manger). S'y adr. à *M. Tatoud Jules au Planey, de Pralognan par Bozel.*

BRIDES-les-BAINS 🏨 ✉ ⚡ Téléph. — *Station thermale et de cure d'air, 575 mètres d'altitude à 6 kilomètres de Moûtiers, tramway; établissement de bains, casino; séjour très agréable; bois; centre d'excursions nombreuses.*

Les eaux thermales de Brides-les-Bains sont souveraines dans toutes les affections du foie, surtout chez les anémiés et débilités des pays chauds; dans les engorgements abdominaux, embarras gastriques, dyssenterie, constipation, catarrhe de la vessie, affections utérines, congestion cérébrale, diabète, et dans toutes les maladies causées par ralentissement de la nutrition, dont l'obésité, enfin dans le rhumatisme et la goutte.

Brides-les-Bains a été surnommée le Carslbad Français.

Hôtel des Baigneurs, Lafont, propr.— Bains et chauffage central. Jardin attenant au parc de l'Etablissement. — Pension depuis 20 fr. par jour.

Chalet du Belvédère. — Lemaire, propr. Pension de famille, cuisine soignée, saine, favorable au traitement. Situation exceptionnelle, en face la source ombr. Terrasse de verdure pour lunchs et petits goûters.

Savoy-Hôtel, J. Campia, propriétaire-directeur. — 15 mai au 15 octobre. — Situation splendide avec jardin d'agrément et parc ombragé. — Confort moderne. — Restaurant. — Tea-Room. — Arrangements pour séjour prolongé. — Table de régime.

Royal-Hôtel et Annexe Pavillon-Lafont, Lafont propr. Ouvert en été 1919. — 100 chambres avec eau courante chaude et froide. Appartements privés avec salon. Bains et W. C. privés, ascenseur, chauffage central, parc, vérendah. — Thé, Glaces, Pâtisserie. — Téléph. n° 2.

Pension de la Source, Nand, propr., à proximité de la source. — Cuisine bourgeoise. Pension. Jardin d'agrément. Tranquillité absolue. Belle vue sur le massif de la Vanoise.

Grand Hôtel des Thermes, attenant à l'Etablissement thermal. — Réparé à neuf. Luxe et confort moderne. Gd parc. Pens. Téléph. n° 4.

Grand-Hôtel, même Direction.

Hôtel de la Vanoise, M. Jurus, propr. — A côté de la Poste et des Thermes. — Electricité. — Pension et régime. — Restaurant au jardin. Service à la carte et à prix fixe. Tea-Room. Glaces. Pâtisserie.

1° VILLA des Roses. — Pouvant se diviser en 2 ou 3 appartements indépendants ayant chacun cuisine, salle à manger, salon, chambres de maîtres et de domestiques, éclairage électrique, eau de source. Salle de bain au 1er étage. Vastes jardins et terrasse ombragée avec vue magnifique. Deux garages.

2° CHALET du Parc. — 4 pièces et 1 cuisine, eau et électricité. — Parc en face. — S'adresser à *M. le comte Greyfié de Bellecombe, à Brides-les-Bains ;*

VILLA des Tilleuls. — Salons. — Salle à manger, cuisine, 4 chamb. de maîtres dont une à 2 lits ; 2 chamb. de domestiques, cave, garage ; lavoir et W.-C.; eau et électricité; terrasse et jardin. — S'adresser à *M. Manentaz, 10, rue Saint-Martin du-Mail, à Orléans*, ou à *M Louis Humbert, à Brides-les-Bains*, pour visiter.

VILLA « La Farandole », 9 pièces, 6 chambres, 7 lits, salon avec piano, électricité, eau, linge, vaisselle, batterie de cuisine, argenterie, garage, lavoir, terrasse et pelouse, vue superbe. — *S'adresser à Mme Bléry, 9, rue Vauban, Toulon (Var).*

VILLA de Bellair, avec parcs et ombrages. 3 appartements de 8, 9 et 11 pièces. 2 garages. Eau de source. — (Louée pour saison 1923).

VILLA Edelweiss. — Fort belle vue sur les glaciers, 3 appartements 5, 7 pièces.

Agence de la Banque de Savoie. — S'y adresser pour renseignements, etc.

~~~~~~

CHAMPAGNY-LE-HAUT [Téléph]. — *1,196 mèt. d'altit. à 6 kil. de Bozel ; guides, mulets. Centre d'excursions.*

Hôtel des Gorges. Mme Vve Léon Ruffier, propr. Prix modérés. Téléphone.

MAISON MEUBLÉE, 4 pièces, 600 fr. la saison, à Champagny-le-Bas. — S'adr. à *Mme Joux, facteur des Postes à Chambéry.*

~~~~~~

LES CHAPIEUX. — *Altitude 1.552 mètres, à 14 kilomètres de Bourg-St-Maurice. Poste alpin; baraquements militaires. Point de jonction des voies alpestres muletières, du col de la Seigne sur Courmayeur, du col du Bonhomme sur St-Gervais et Chamonix, du col du Cormet de Roselend sur Roselend et les vallées de Beaufort, Albertville... Ascensions de la Pointe des Fours, de l'Aiguille des Glaciers (pour alpinistes éprouvés), de la Terrasse. — Situation abritée; climat tempéré. — Guides et mulets.*

Hôtel du Soleil, T.C.F., C.A.F. — Fondé en 1856. Edouard Pugin, propr., gérant du **Chalet T C F.** de la **Croix du Bonhomme**. Chambre noire ; garage ; bonne cuisine, bons lits. — Cars Sud-Est P.-L.-M. à gare Bourg-St-Maurice. Cabine téléphonique publique.

~~~~~~

MONT-JOVET. — *2.563 mèt. d'alt. ; de Bozel, cinq à six heures pour l'ascension. Un des panoramas les plus beaux et les plus étendus des Alpes de Savoie.*

Chalet-hôtel du C.A.F. — (1er Juin-15 septembre.) — 4 Chambres, 23 lits dortoirs compris ; 8 fr. le lit, 4 fr. en dortoir ; 12 fr. le repas, pension alimentaire dep. 20 fr. — Repas à toute heure. — Consommations de 1er choix. Vins fins. — Téléphone. — *M. Duct, gérant.*
~~~~~~

MOTTETS (les). — *1898 mètres d'alt. ; route du Col de la Seigne*

Hôtel des Mottets (alt. 1865 m.), près le Col de la Seigne. — Agnès Fort, Vve Jarre, propr. à Bourg-St-Maurice (Savoie). — Ouvert du 10 juin au 15 octobre. — 12 chambres, 30 lits. Repas à 8, 10 et 12 fr. Pension de 15 à 20 fr. par jour.

\~\~\~\~\~\~\~\~

MOUTIERS 🚉 ✉ 𝕋 ☎. — *480 mètres d'altitude, à 6 kilomètres de Brides-les-Bains et à 1 kilomètre de Salins* (tramway).— *Point de départ du service auto de Pralognan-la-Vanoise. — Centre d'excursions.* — **Syndicat d'initiative local.**

Hôtel Moderne. Gazon, propr., avenue de la Gare. Ouvert toute l'année. 20 chambres, 28 lits. Repas 8 fr. Chambres dep. 6 fr. Pension dep. 20 fr. par jour. Chauffage central. Electricité. Auto-garage.

Hôtel Terminus, près la Gare, E. Achard propr., ouvert toute l'année. Recommandé par son confort Point de départ des services d'auto-cars toutes directions Restaurant. Pension. Prix modérés. Garage. T.C.F. A.C.F. C.A.F. Téléph. 18.

APPARTEMENTS et chambres meublés. eau sur évier, électricité, jardin, à proximité du tramway de Salins. — Prix modérés. — S'adresser à *Mlle Arpin, rue Cardinal, Moûtiers.*

A louer dans CHATEAU, sortie de Moûtiers. étage principal meublé 6 gdes pièces, 3 petites, et cuisine, comprenant 5 chambres à coucher (6 ou 7 lits). Eau, élect. Garage attenant et jouissance du parc ; prix pour la saison 3.000 fr. — S'adr. *Capitaine du Verger. Contentieux Ministère de la Guerre, Paris, ou à Moûtiers, à Mlle du Verger.*

\~\~\~\~\~\~\~\~

PEISEY ✉ 𝕋 ☎. — *1.335 mèt. d'alt., service de voitures ; centre d'excursions alpestres. — Point de départ pour ascension du Mont-Pourri. Desservie par station P.-L.-M de Landry (7 kil.). Climat recommandé pour cure d'air, forêts de sapins, cascades, belle vue sur les glaciers.*

Hôtel de Tarentaise à NANCROIX (2 kil.). Gaté, propr. Ouverture 1er janvier 1924 Chauffage central.

Hôtel du Vallon Fleuri. B. Ernest propr., 20 chambres, 30 lits, salle de bains, salon, jardin. Garage.

\~\~\~\~\~\~\~\~

PETIT-SAINT-BERNARD (col du). — *2.157 mètres d'alt. ; services réguliers sur Bourg-St-Maurice et Courmayeur, Aoste, etc. (Italie). — Point de départ d'excursions et ascensions.*

Chalet-Hôtel (sur le territoire français).

Hospice (sur le territoire italien .

PRALOGNAN-la-VANOISE. — 1.431 *mètres d'altitude ; station climatérique dans le massif glaciaire de la Vanoise. — Centre de nombreuses promenades et ascensions, guides et mulets; services automobiles journaliers de la gare de Moûtiers-Salins pendant l'été.*

Pralognan a été surnommé le Zermatt *de la Savoie.*

Grâce à sa situation à l'abri des montagnes, Pralognan, avec ses forêts de sapins et ses prairies jouit d'un air pur et sain, et véritablement délicieux malgré le voisinage des glaciers, très élevés d'ailleurs au-dessus de la vallée.

La vogue de Pralognan, comme station de villégiature et centre d'excursions alpestres, croît de jour en jour, et fort justement.

Les excursions et les ascensions à faire de Pralognan, en utilisant parfois le refuge-hôtel de la Vanoise, et les refuges des lacs, et de Péclet-Polset, sont innombrables, et toutes fort belles; plusieurs très faciles, même à travers des glaciers aussi remarquables par leur étendue considérable que par leur beauté (excursion et ascension, par exemple, du Dôme de Chasseforêt). *Pralognan est en communication avec la Maurienne par les cols célèbres de la Vanoise et de Chavières. — Nombreux guides éprouvés; porteurs; mulets.*

Hôtel du Dôme de Chasseforêt. — Guttin, propriétaire. Ouvert du 15 juin au 15 septembre. 55 chamb., 75 lits, chamb. de 5 à 12 fr. — Restaurant, pension minimum 8 jours. — Electricité, jardin ombragé, terrasse avec vue merveilleuse sur les glaciers, tennis, garage. Eau courante chaude et froide. Chambre noire. Téléph. n° 3.

Hôtel des Glaciers, Doussin propr., ouvert du 1er juin à fin sept. 35 chambres, 60 lits. Chambres de 5 à 12 fr. Electricité, garage, jardin, tennis, salle de bains, terrasse, chambre noire. Prix modérés. Arrangements pour famille. Téléph. n° 2.

Hôtel de la Vanoise, Collinot, propriét. (15 juin-15 septembre). — 30 chambres. — Terrasse. — Electricité. — Cuisine soignée. — Prix modérés. — Téléph. n° 4.

CHALET-VILLA Eldelweiss, meublé, à louer, situation magnifique, au milieu des prairies, proximité forêts de sapins, vue superbe. 12 pièces, 7 chamb., 8 lits, dont 4 à 2 places, salon, véranda, bibliothèque. — Parc, jardin d'agrément et potager, eau, électricité, cave. Linge, vaisselle, argenterie. Installation moderne et hygiénique. — S'adr. à *M. Joseph-Antoine Favre, guide skieur de 1re classe du C.A.F.*

1° MAISON meublée, indépendante, bien située. — 6 lits.

2° MAISON meublée dans le village du Plan. — 6 lits. — S'adresser à M. Favre Jean-Marie, fils de Jérôme, à Pralognan.

MAISON meublée, salon, salle à manger, cuisine, 4 chambres, 1 chambre de bonne. 5 lits et 1 d'enfant. Jardin, remise, garage, électricité, etc. S'adresser à *M. C. Favre, 73, rue de la Côte-d'Or, (Halle aux Vins) Paris 5e.*

Chalet-hôtel-refuge Félix-Faure au col de la Vanoise (alt. 2530m). Chalet du C. A. F. ouvert du 20 juin au 20 sept — Tarif du C.A.F. Restaurant. Chambres et dortoirs, 25 lits. — Poste. téléphone.

Refuge-Hôtel Péclet-Polset à 2.500 mètres, au pied du Dôme de Polset, près du col de Chavière. A 4 h. de Pralognan et à 4 h. de Modane par le col de Chavière. — Ouvert du 1er juillet au 30 sept. — Tarif du C.A.F. Téléphone.

~~~~~~

SAINT-BON ✉ T Téléph. — 1.100 *mètres d'altitude, à 3 kilomètres de Bozel par sentier Belle situation pour cure d'air. Nombreuses promenades. Vue magnifique.*

Service autobus de Moûtiers à Saint-Bon deux fois par jour, du 1er juillet au 15 septembre.

Hôtel du Lac Bleu, L. Curtet, propr. ; ouvert du 15 juin au 30 septembre. 30 chambres, 40 lits. 2 salles de bains. Chauffage central. Electricité. — Pension en saison dep. 20 fr. par jour ; hors saison 16 fr. tout compris. Garage, jardin. Desservi par les cars P.-L.-M. Téléphone, Bozel n° 6.

3 VILLAS meublées, de 7 à 8 pièces. — *S'adresser à Mme Veuve Germat, « Villa Régina », à Saint-Bon (Savoie).*

~~~~~~

SAINTE-FOY ✉ T Téléph. — 1.051 *mètres d'altitude, à 12 kilomètres de Bourg-Saint-Maurice, service de voiture et auto.*

Hôtel-Restaurant du Mont-Iseran, Vve Simon, propriétaire. Ouvert toute l'année. Prix modérés.

~~~~~~

SAINT-MARTIN-de-BELLEVILLE ✉ T Téléph. — *Alt. 1400 m. 9 kil. de Moûtiers. Service d'auto. Pèlerinage à N.-D. de la Vie.*

Hôtel Jay. Joseph Jay, propr. Ouvert toute l'année. 12 chambres, 16 lits. Chambre et pension 20 fr. par jour. Garage.

~~~~~~

SALINS. — 496 *mètres d'altitude, à 1 kilom. ½ de Moûtiers; tramway, établissement de bains.*

Les eaux chlorurées, sodiques, fortes, ferrugineuses, iodurées arsénicales et lithinées de Salins, ont l'énorme débit de plus de cinq millions de litres par jour; aussi les bains peuvent y être donnés à eau courante.

Les succès merveilleux des eaux de Salins dans le traitement des affections utérines, de la scrofule, de l'anémie, de la chlorose, des rhumatismes, et de toutes les maladies caractérisées par l'atonie et la faiblesse..., dans le traitement des affections graves articulaires chez les enfants (coxalgie en première ligne), en ont établi universellement la réputation.

Grand Hôtel des Bains et de l'Etablissement thermal, Sargès, directeur. — Ouvert du 1er juin au 30 septembre. 80 chamb., 120 lits. Chamb dep. 6 fr., petit déj. 2 fr. 50, déj. 7 fr., dîner 8 fr — Pension dep. 18 fr. minimum 8 jours. — Garage-fosse. — Electricité. Téléph. Moûtiers n° 31.

Hôtel de Savoie, Joseph Pont, propr. (ouv. toute l'année). — Près du Parc, électricité. Restaurant, pension. Arrang. p. fam. et séjour.

Maison Villien. (Ouv. 15 mai-fin sept.).— 18 chamb., 30 lits. Pension bourgeoise, minimum 20 jours, 16 fr. — Arrangements pour famille. — Chambres dep. 6 fr. — Repas 6 fr. — Electricité ; jardin. — Appartements meublés avec cuisine. (Renseignements de 1922).

~~~~~~~

SEEZ ✉ ⚲ Téléph. — 904 *mètres d'altitude, à 4 kilomètres de Bourg-Saint-Maurice. En bonne exposition, belle vue; sur la route du Petit-Saint-Bernard.*

Pension-Villa Edelweiss. M. et Mme Nalis, propr. Pension de famille 18 et 20 fr. Cuisine soignée. Electricité. Auto-garage. Proximité des forêts.

Hôtel Orset, ouvert toute l'année. — 15 chambres, 20 lits. — Eclairage électrique. — W. cl. modernes. — Jardin. — Garage. — Chambre noire. — Pension depuis 17 fr. par jour, tout compris. — Automobile pour excursions et service des voyageurs.

Hôtel-Pension du Val-Joli, Bernheim, propr.— Altit. 1000 mètres. — Ouvert du 1er juin à fin octobre. — Belle exposition, sur la route du Petit Saint-Bernard ; adossé à forêt de sapins. — Chambres exposées au midi, 70 lits. — Eau courante. W. cl. Salle de bains. Pension, prix modérés. Tennis. Garage. Voiture au train, à Bourg-St-Maurice. Téléph. n° 3. L'hiver, prend quelques pensionnaires.

~~~~~~~

TIGNES ✉ ⚲ Téléph. — 1648 *mètres d'altitude, Mulets pour excursions, service automobile l'été; point de départ pour nombreuses ascensions et excursions alpestres, air très pur.*

Hôtel de la Chaussette (aux Brévières). A. Favre, propr. — Ouvert toute l'année. 12 chambres, 14 lits. Pension 14 fr.

Hôtel du Club. Vve Révial, propr. Ouvert toute l'année. 16 chambres, 24 lits. Pension 20 fr. par jour tout compris.

MAISON meublée. — 2 salles à manger, 2 cuisines, 8 chambres, 3 chambres de domestiques; remise ; prix selon séjour. Electricité. Linge de chambre, batterie de cuisine. — S'adresser à *M. Bognier Alphonse, à Tignes.*

~~~~~~~
~~~~~~~

VAL-D'ISERE ✉ (R. A.) ⊤ Téléph. — 1.849 *mètres d'altitude. — L'été service automobile. — Centre exceptionnel d'excursions alpestres et grandes ascensions; au pied du col de l'Iseran (future route des Alpes), en une vallée largement ensoleillée, grâce à son heureuse orientation. Air pur; climat alpin parfait. Station alpestre de grand avenir.*

Hôtel Moris. Vve J.-B. Moris, propr. (1er juil. 15 sept.). — 30 chambres, 45 lits. — Elect. Chambre noire, garage, guides, porteurs et mulets. — Pension. — Terrasse, croquet, téléph., n° 1.

Hôtel Parisien, D. Moris, propr., ouvert du 1er juillet au 15 septembre. Electricité. 21 chambres. 24 lits. — Petit déj. 2 fr. 50, déj. 12 fr., dîner, 10 fr. Pension 24 fr., service 10 %. — Téléphone n° 2.

Chalet meublé, 7 pièces, élect. — *Ernest Moris*, prop. loué p. 1923.

\~\~\~\~\~\~\~\~

VANOISE (col de la). — 2.530 *mètres d'altitude. — Chalet-hôtel refuge Félix-Faure* (voir Pralognan). — *Chambres et dortoirs. Restaurant. Tarifs du C. A. F.*

LA MAURIENNE

(ARRONDISSEMENT DE SAINT-JEAN-DE-MAURIENNE)

AIGUEBELLE 🚉 ✉ ⊤ Téléph. — *323 mètres d'altitude, centre de belles excursions.*

Hôtel de la Poste, Tonello, prop. — Restaurant-Pension, électricité. Téléphone n° 11.

Hôtel de l'Union, G. Martin, propr. — Ouvert toute l'année. — Pension dep. 18 fr. App. meublé 5 pièces à louer p. la saison.

\~\~\~\~\~\~\~\~

AITON. — *405 m. d'alt.*, 🚉 ✉ ⊤ Téléph. *à Aiguebelle, 5 kil. Belle exposition. Centre de promenades. Ascension du Gd Arc (2.489).*

Pension de famille, Jean Rattaire.

\~\~\~\~\~\~\~\~

AUSSOIS ⊤ Téléph. — *1.489 mèt. d'alt., à 9 kil. de Modane; guides, mulets. — Point de départ de belles excursions et ascensions alpestres.*

Auberges.

BESSANS ✉ ☎ Téléph. — *1.745 mèt. d'alt., à 34 kil. de Modane. En un site gracieux. Air très pur. Séjour agréable. Centre d'excursions alpestres de premier ordre.*

Hôtel du Mont-Iseran, Clapier, propr. Ouvert toute l'année. — 15 chamb., 22 lits. Chamb. dep. 5 fr. Repas 6 fr. v. n. c. Réduction pour séjour de plus de 8 jours et pension.

Hôtel Cimaz, aux sources de l'Arc. — Prix modérés.

Chalet-Refuge d'Avérole, du C. A. F., section de Lyon. Termignon Germain, gérant, ouvert du 10 juillet à fin août; à l'alt. de 2200 m., à proximité de cimes et de cols alpestres célèbres, à 2 h. 30 de marche de Bessans. - Dortoirs pour messieurs et pour dames. — Chambre de toilette. Eau potable. — Tarif du C. A. F.

~~~~~

BRAMANS ✉ ☎ Téléph. — *1.236 mèt. d'alt., à 12 kil. de Modane; service autobus; guides, mulets. — Point de départ de belles excursions alpestres.*

Un hôtel.

~~~~~

BONNEVAL-sur-ARC ☎ Téléph. — *1.828 m. d'alt.; centre alpin exceptionnel; point de départ de nombreuses ascensions et excursions; mulets pour la traversée du col de l'Iseran. Service automobile de Modane à Bonneval.*

Chalet-Hôtel du Club Alpin Français (1er juillet - 30 sept.) — 22 lits, salon, jardin. — Pension à partir de 6 jours. — S'adresser au *gérant du Chalet*. — Chalet appartenant à la section de Lyon du Club Alpin Français. Tarif du C. A. F. Cabine téléphonique.

Chalet-Hôtel des Evettes (2629 mètres d'altitude), du 15 juillet au 15 sept., en un site admirable; point de départ de belles ascensions. — Chalet appartenant à la section de Lyon du Club Alpin Français. — Tarif du C. A. F. — S'ad. au *gérant du Chalet*.

~~~~~

LA CHAMBRE 🚉 ✉ ☎ Téléph. — *460 mètres d'altitude; (gare St-Avre-la-Chambre). — En bonne situation, bien dégagée; belle vue. Promenades et excursions. Point de jonction de l'une des routes du Glandon, par Saint-Colomban-des-Villards.*

Trois hôtels.

~~~~~

LANSLEBOURG ✉ ☎ Téléph. — *1.460 mètres d'altitude, à 22 kilomètres de Modane; service automobile; centre d'excursions; point de départ pour le mont Cenis; mulets, guides.*

Hôtel International, Baltazar Burdin, propr. Ouvert toute l'année. 16 chambres, 20 lits, électricité. Eau courante dans les chambres. Chambre: à 1 lit 6 fr.; 2 lits 10 fr. Déj. 6 fr. 50, dîner 6 fr. Pension 18 fr. par pers. tout compris.

Hôtel Valloire. Bordier, propr. Ouvert toute l'année. — 35 lits. Pension-Restaurant. Chambres très confortables. — Electricité ; chauffage central ; salles de bains ; auto-garage. Téléph. n° 1.

~~~~~~

MODANE ⊠ ⚲ Téléph. *à Modane-Ville et à Modane-Gare.— 1.063 mètres d'altitude. — Gare internationale. — Point de départ des correspondances pour les centres d'excursions : Termignon, Lanslebourg, Bonneval, Mont-Cenis. — Modane est également un centre d'excursions alpestres de premier ordre.*

Hôtel-Restaurant de l'Agriculture. J.-B. Quaglino, propr. En face de la Poste, à Modane-Ville. — Cuisine bourgeoise ; grande salle au 1er étage pour familles et sociétés. Electricité.

Hôtel de la Poste, Ch. Owlig, propr., Modane-Gare. Ouvert toute l'année, 20 ch., 26 lits. Ch. 7 fr. Pension 17 fr. Electricité.

Grand hôtel Terminus International et Savoy-Hôtel. Soldano, propr., Modane-Gare. — Ouvert toute l'année, 30 chambres, 37 lits, chambres depuis 8 fr., petit déjeuner complet. 2 fr. 50, repas, 8 fr. v. n. c. Pension 25 fr., minimum 8 jours. Salle de bains, élect., chauffage central. Téléph. n° 3.

Bourget à 3 k. de Modane : MAISON neuve à louer meublée ou non. 11 pièces, 10 lits. Electricité. Belle vue, prairie. Pension au besoin. Point de départ d'excursions : à l'Aiguille Doran ; au Col de Chavière, etc., guides et mulets. S'adr. à *M. Lozat Antoine, Café des Touristes, au Bourget près Modane.*

~~~~~~

MONT-CENIS (Le) Italie. — *2,071 mèt. d'alt. ; le col à 10 kil. de Lanslebourg.*

Un hôtel.

~~~~~~

SAINT-COLOMBAN-DES-VILLARS ⊠ ⚲ Téléph. — *1.104 mètres d'altitude, à 11 kilomètres 300 de la gare de la Chambre; service régulier de voitures ; voitures, mulets pour excursions. — Costumes curieux ; fêtes religieuses intéressantes.— Centre de promenades et excursions. — Cure d'air. — Bonne exposition.*

Hôtel du Glandon, Girard, propr., ouvert toute l'année. 30 chambres depuis 3 fr. 50. — Repas depuis 8 fr. — Pension depuis 11 fr., minim. 5 jours. Salon, jardin, jeux de boules. Tél. n° 1. — Voitures.

Hôtel de la Poste, Favre-Des Côtes, propr. Ouvert toute l'année. 30 chambres. Pension depuis 15 fr. par jour, tout compris ; à partir de 8 jours. — Arrangements pour familles. — Chambre noire. — Garage. — Guides pour excursions. Téléph. n° 2.
~~~~~~

AU COL DU GLANDON (1951 mètres d'altit.), **Chalet-Hôtel du Club Alpin Français** (ouvert le 1er juin). Section de Maurienne, M. Queyreix, gérant. — Auto-car de Saint-Jean-de-Maurienne à Grenoble. — Garage. — Tarif du C. A. F. — Restaurant. — Chambres. — Pension et arrangements pour séjour.

~~~~~~~

SAINT-ETIENNE-de-CUINES ✉ ⚲ Téléph — 450 *mètres d'altitude, à 2 kilomètres de la gare P.-L.-M. de Saint-Avre-la-Chambre, courrier.*

Un petit hôtel.

~~~~~~~

SAINT-JEAN-D'ARVES ✉ ⚲ Téléph. — *1,508 mèt. d'alt., à 20 kil. de Saint-Jean-de-Maurienne ; cure d'air, excursions, ascensions, voitures, mulets.*

Hôtel-Grand, ouvert toute l'année. — 8 chambres, 12 lits, chambre 5 fr., petit déjeuner 1 fr. 25. repas 5 à 6 fr. Salons, jardins, jeux de boules.

~~~~~~~

SAINT-JEAN-de-MAURIENNE 🚂 ✉ ⚲ Téléph. — 578 *mètres d'altitude. — Centre d'intéressantes promenades et excursions. — Point de départ de la belle route alpestre de Maurienne en Oisans par la vallée des Arves le col de la Croix de Fer et le Glandon (Chalet-Hôtel du C. A. F.) — Antiquités intéressantes. — A côté de Saint-Jean-de-Maurienne, eaux thermales de l'Echaillon. Petit et très modeste Etablissement de bains* **Syndicat d'Initiative local.**

Hôtel de l'Europe, Joseph Chavanne, propr. Ouvert toute l'année. Construction neuve. Confort moderne. 60 chambres, 70 lits, la chambre 5 à 12 fr. Petit déj. 1 fr. 25. Repas dep. 7 fr. vin comp., électricité. Salles de bains. Eau chaude et froide dans toutes les chambres. Chauffage central. Gd jardin et ombrages. Tennis. Garages avec fosse. Omnibus-auto à tous les trains. Téléph. n° 5.

Hôtel de la Gare, Léon Chavanne propr., en face de la gare. — 25 chambres. Chamb. à partir de 8 fr. Arrangements pour séjour, installation moderne, eau courante chaude et froide, chauffage central, salle de bains, salons, garage, terrasse. Correspondance des autos-cars du Lautaret et du Glandon. Téléph. n° 7. (Rengts de 1922).

Hôtel-Restaurant Joly, à 100 m. de la gare, Gabert, gérant, chef de cuisine. — Service soigné. — Arrangements pour séjour.

Hôtel Saint-Georges, Jean Durieux propriét., ouvert toute l'année, — 29 chambres, 45 lits, chambres de 6 à 12 fr. ; petit déj. au restaurant 2 fr., à l'appartement 3 fr., repas 8 fr., v. n. c. Salon, salle de bains, chauffage central, électric., garage. Omnibus à tous les trains. Terminus des Cars alpins Briançon-St-Jean et St-Jean-Grenoble par le Glandon. — T.C.F. — C.A.F. — Tél. n° 25.

~~~~~~~

SAINT-MICHEL-de-MAURIENNE 710 *mètres d'altitude ; départ des voitures pour le col du Galibier et le Lautaret. — Centre de belles excursions.*

Grand Hôtel des Alpes et de la Poste, ouvert toute l'année, J. Richard, propriétaire. — Pension 18 fr., minimum 10 jours. Bain. Electric. Chauff. central. Garage. T. n° 10. (Renseig. de 1922).

TERMIGNON Téléph. — *1,292 mèt. d'alt., à 16 kil. de Modane ; service automobile ; centre d'excursions et promenades, départ de l'excursion au col de la Vanoise ; mulets.*

Hôtel du Doron, Ed. Claraz, propriétaire. Ouvert toute l'année. — Restaurant. Pension. Electricité. Belle situation. Pension à des prix très modérés.

Hôtel du Lion d'Or, J. Claraz, propriétaire. 12 chambres, 16 lits, ouvert toute l'année. Chambres depuis 5 fr., petit déjeuner 1 fr. 50, repas 7 fr. Pension depuis 14 fr., minimum 4 jours. Garage, jardin, chauffage central, bureau des électrobus. Electricité, téléph. n° 1.

A louer pour séjour d'été dans maison tranquille, à proximité des hôtels, de la poste et de l'église, QUATRE CHAMBRES meublées confortables, sans cuisine, bien exposées au soleil. — S'adr. à *M. J. Pollien, propr. à Termignon.*

CHAMBRES MEUBLÉES confortables avec terrasses et électricité dont 6 pièces, soit indépendantes soit se communiquant, cuisine et salle à manger. — S'adr. à *Vve Tremey, négociante à Termignon.*

Hôtel d'Entre-deux-Eaux, au pied du col de la Vanoise, à Entre-deux-Eaux (alt. 2,100 m), à 15 kil. env. de Termignon, Mme Vve Joseph-Marcellin Richard, prop. — Chalet-hôtel de montagne ouvert pendant juillet, août et septembre. — 8 chambres, 16 lits. — Prix de pension modérés.

VALLOIRES. Téléph. 1.430 *mètres d'altitude, à 18 kil. de la gare de Saint-Michel ; service de voitures (courrier) et services d'autos sur la célèbre route de Saint-Michel au Lautaret par le col du Galibier. — Médecin, pharmacien. — Station de cure d'air. — Centre de magnifiques promenades et excursions alpestres. — Séjour très agréable. - Passage des services automobiles du Galibier et du Lautaret.*

Grand Hôtel de Valloires et du Galibier, Devouassoud, propr., ouvert du 15 mai au 1er octobre. 30 chambres, 40 lits. Pension 18 à 22 fr. Arrang. suivant la chambre et la durée du séjour. Petit déjeuner, 2 fr. 50 ; dejeuner et dîner, sans le vin, 10 fr. — Lumière électrique. Piano. Grand parc ombragé. Tennis. — Arrêt des autos-cars. Téléph. 0,01.

VILLA 6 pièces meublées, 4 chambres à coucher, une salle à manger, cuisine, linge, cave, grenier, eau, parc. Prix pour saison 800 fr. — S'adr. à *Mme Veuve César Michelland, à Valloires.*

DIVERS

(Haute-Savoie, Hautes-Alpes, Isère, Ain)

ALLEVARD-les-BAINS (Isère) 🚉 ✉ ☎ Téléph. — 475 *mètres d'altitude. — Station thermale réputée* (eaux sulfureuses, maladies des voies respiratoires). — *Etablissement thermal moderne ; casino ; parc. — Allevard-les-Bains est dans une vallée verdoyante, au pied des Alpes dauphinoises-savoisiennes ; centre intéressant d'excursions.* **Syndicat d'initiative local.**

Central-Hôtel Beau-Site et annexe **Hôtel de France,** Leloup-Helie, propr. (1er juin-1er octobre). — Situation exceptionnelle, près de l'Etablissement thermal ; grand parc ; vue sur les glaciers et la montagne de Bramefarine. — Garage-auto ; écurie et remise. — Arrangements pour familles. — Recommandé par le T. C. F.

Splendid Hôtel. — 1er ordre. Confort moderne ; ouvert de Juin à septembre ; 150 chambres, 200 lits, eau courante chaude et froide. Chambres avec salles de bains, chauffage central. Garage. Grand parc de l'Etablissement Tennis-Club. Prix de pens. à partir de 35 fr.

~~~~~~~~

ANNECY (Haute-Savoie) 🚉 ✉ ☎ Téléph bateaux à vapeur. — 448 *mètres d'altitude ; chef-lieu du département de la Haute-Savoie. Station climatique des plus agréables, au bord du gracieux lac du même nom. — Point de départ de nombreuses excursions. — L'ancienne ville est tout à fait pittoresque et renferme de nombreux souvenirs historiques ; les rivages du lac sont enchanteurs ; le tout constitue un ensemble remarquable digne d'attirer et de retenir les touristes.* — **Syndicat d'Initiative d'Annecy.**

L'Imperial Palace, hôtel de grand luxe, dans beau parc, au bord du lac ; panorama merveilleux. — 250 chambres avec eau chaude et froide ; 80 appartements avec salon et salles de bains. — 300 lits. — 4 tennis ; garage pour 75 voitures, canots-autos ; port privé, pêche. — Concerts 3 fois par jour. — Téléph. 2-83.

Grand Hôtel Verdun, face au lac, sur la promenade du Paquier. — Ouvert toute l'année. — Eau courante chaude et froide dans toutes les chamb. Appartements avec salle de bains. Garage. Téléph. 0,10.

~~~~~~~~

BOEGE *(Hte-Savoie)* ✉ ☎ Téléph. — *Alt. 740 mèt. 8 kil. du tram de Samoëns, correspondances avec le tram. Bois de sapins.*

Hôtel de Savoie, Mme Musard, propr., ouvert toute l'année. — 11 chambres, 20 lits. — Pension d'été, air des sapins et de la montagne. — Cuisine soignée. — Prix modérés. — Garage. — Jardin

CHAMONIX (Haute-Savoie) 🚉 ✉ 𝒯 Téléph. — 1.044 *mètres d'altitude. — Première station alpestre de France ; universellement connue et justement réputée. — Au pied du mont Blanc, le Roi des Alpes françaises. — Centre incomparable d'excursions et ascensions alpestres nombreuses et de premier ordre. — Station d'été et d'hiver. — Toutes ressources : guides (compagnie de guides), mulets et porteurs. —* **Syndicat d'initiative local.**

Grand Hôtel des Alpes, Lavaivre, propr. — Lavabos, eau courante chaude et froide, dans toutes les chambres. — Grand jardin très ombragé, billard, bar, tennis. — Téléph. n° 27. — Saison d'été du 1er mai au 1er octobre ; saison d'hiver du 15 décembre au 1er mars.

Carlton-Hôtel, P. Simond, propr., avenue de la gare ; magnifique situation, face à la chaîne du Mont-Blanc. — Appartements complets avec bains et w. cl. privés. Toutes chambres avec eau courante, chaude et froide. — Ascenseur. — Chauffage central été et hiver. — Restaurant pour 200 personnes. — Garage. — Téléph. n° 6.

Hôtel de la Poste, P. Simond, propr., place de Saussure. — 100 lits depuis 8 fr. — Déjeuner 3 fr. — Lunch 10 fr. — Dîner 12 fr. — Pension complète depuis 25 fr. par jour. — Ascenseur. — Garage. — Cuisine de premier ordre. — Téléphone n° 6.

Savoy-Palace, J. Guglielmetti-Couttet, propr. — App[ts] avec bains, eau courante dans toutes les chambres, grand parc, garages, box, 2 tennis. — Saison d'été ; saison d'hiver. — Téléph. 29.

∿∿∿∿

CHAPAREILLAN (Isère) ✉ 𝒯 Téléph. — *285 mèt. d'alt. — Desservi par Pontcharra, P.-L.-M. (4 kil.) et par Chignin-les-Marches P.-L.-M., à 5 kil. — Tramway électrique de Chapareillan à Grenoble : autobus de Chambéry à Chapareillan.*

Hôtel Varvat, A. Varvat, propr. — Ouvert toute l'année. — Petit déj. 1 fr. 50, repas 7 fr. Pension complète de 15 à 18 fr. par jour, v.c. — Chambres dep. 5 fr., 2 personnes 6 fr., 2 lits 8 fr. — Véranda, électricité.

1° APPARTEMENT meublé, 4 ou 6 pièces, cour, jardin, électricité.

2° Deux APPARTEMENTS de 3 pièces chacun, cour, verger. Ces appartements, tous indépendants, comportent couvertures, vaisselle, argenterie, batterie de cuisine et électricité. Lait, œufs, légumes, ect., sur place. S'adresser à Mlle Vial, à Chapareillan.

∿∿∿∿

COL des ARAVIS. — *Alt. 1498 mèt. Vue du Mont-Blanc.*

Un hôtel-restaurant.

∿∿∿∿

CULOZ (Ain) 🚉 ✉ 𝒯 Téléph. — *236 mètres d'altitude ; en belle exposition au pied du Mont-Colombier (alt. 1.534 mèt.), l'un des derniers contreforts du Jura. Centre d'excursions dans le Bugey, le Valromey et la Savoie. Gare de bifurcation où tous les rapides s'arrêtent. — Médecin. — Pharmacien. — Hôtels.*

CHATEAU DE MONTVERRAND à louer meublé, 14 pièces, 8 chambres de maitres, 2 chambres de domestiques, 20 lits ; 2 salons, salle de bains, etc. ; eau, électricité, garage. — Terrasse ombragée, vue splendide. — S'y adresser à *M. le Comte de La Fléchère.*

~~~~~~

ENTRE-DEUX-GUIERS *(Isère)*, ✉ ☏ Téléph — *456 mètres d'altit., à côté de* **Les Echelles** *(Savoie). — Station du V.-S.-B. — Médecin. — Pharmacien.*

Hôtel Cattin, Mme Cattin propr., ouvert toute l'année.— 12 chamb., 16 lits. — Restaurant. Pension. Salle de bains. Salon, piano, garage, jardin, électricité. Téléph. n° 5.

~~~~~~

GRENOBLE (Isère), ✉ ☏ Téléph.— *214 m. d'altitude ; Capitale du Dauphiné ; ville ancienne très modernisée, présentant toutes ressources. Université : Cours de vacances pour étrangers ; Ecole hôtelière ; musées et bibliothèques importants ; nombreux hôtels et pensions ; centre d'excursions facilitées par nombreux trams, etc., service automobiles, etc., etc.* **Syndicat d'initiative de Grenoble et du Dauphiné.**

Hôtel de Savoie, A. Buissière, prop. ; en face de la gare. Restaurant-Café. Salon pour famille. Bains, eau courante froide et chaude dans toutes les chambres. Chauffage central. Télép. 2-21.

~~~~~~

LAUTARET (Hautes-Alpes). — 2.075 *mètres d'altitude; station climatérique, centre magnifique d'excursions.*

Hôtel des Glaciers (alt. 2.075 m.), A. Bonnabel, propr., ouvert toute l'année. — 90 chambres, 120 lits, chambres à 1 lit, 8 à 12 fr. ; à 1 gd lit, 12 à 16 fr. ; à 2 lits, 14 à 20 fr. ; repas 8, 10 et 12 fr., pension min. 7 jours; 20 à 26 fr. — Télég.-téléph. dans l'hôtel.

Chalet-restaurant de la Cie P.-L.-M. (Alt. 2.108). — Station des services automobiles de la Compagnie. — Ouvert du 15 juin au 30 sept. — Repas, 8 fr., v. n. c. (Renseignements de 1922).

~~~~~~

MEGÈVE *(Hte-Savoie)* ✉ ☏ Téléph. — *1.120 mèt. d'altit., route d'Albertville à Chamonix et à 12 kil. de la gare de Sallanches ; services de voitures et autos ; forêts de sapins. Station de villégiature fréquentée. Point de départ pour excursion du Mont-Joly. Sports d'hiver.*

Hôtel du Mont-Blanc, Morand-Périnet, prop. Ouvert toute l'année. 20 chamb., 30 lits. Chamb. dep. 4 fr., petit déj. 2 fr., repas 7 fr., pension 18 fr. v. n. c. minimum 5 jours, salons, piano, jardin, chauffage central, électricité. (Renseignements de 1922).

Hôtel du Panorama (Morand-Arnaud). Ouvert toute l'année. — 50 chamb., depuis 5 fr., petit déj. depuis 2 fr., repas depuis 6 fr., v. n. c. Pension depuis 16 fr., minimum 5 jours ; enfants 10 fr. ; domestiques, 12 fr. — Arrangements pour familles et séjours. Chauffage facultatif par petits fourneaux. Salles de bains ; garage, trois boxes. Grands terrains de jeux : tennis, croquets, agrès, etc. Terrasse. Chambre noire Piano. Electricité. (Adresse télégraph. : Panorama-Mégève). Téléph. n° 2.

\~\~\~\~\~\~\~\~

MENTHON-St-BERNARD (Haute-Savoie) — *482 m. d'alt.* (Bateaux à vapeur). — *Au bord du lac d'Annecy. Excellent climat. Source minérale, sulfureuse, alcaline. Etablissement de Bains.*

Palace Hôtel, Gruffat Frères, propr. Ouvert du 1er juin au 1er octobre. 120 chambres, 150 lits. Prix de pension de 30 à 45 fr. Chauffage central. Garage. Tennis. Téléph. 6.

\~\~\~\~\~\~\~\~

St-GEOIRE-en-VALDAINE (Isère) — *450 m. d'altit. Tramway Pont-de-Beauvoisin à Bonpertuis.*

Hôtel du Commerce, H. Cuaz, propr. Salles pour banquets. Cuisine soignée. Chambres confortables. Chauffage central. Garage auto. Services en voiture automobile à volonté. Pension de famille, recom à MM. les Voyageurs de Commerce. Téléphone.

\~\~\~\~\~\~\~\~

St-GERVAIS-les-BAINS (Haute-Savoie) Téléph. — *Station divisée en deux groupes : dans le bas* Le Fayet Saint-Gervais (*alt.* 570 *m.*), *du côté duquel se trouve l'Etablissement thermal ; dans le haut,* Saint-Gervais-les-Bains-village (*alt.* 810 *m.*). — *Saint-Gervais est desservi par la gare P.-L.-M. de Le Fayet-Saint-Gervais, et par les services automobiles des Alpes françaises.* **Syndicat d'initative local.**

Hôtel de la Savoie dans le parc à côté de l'Etablissement thermal.

Splendid-Royal-Hôtel. Battendier, propriétaire, ouvert du 15 mai au 1er octobre, 200 chambres et salons, chauffage central, appartements avec salles de bains et W. C. privés. — Ascenseur, garage, parc, tennis. — Orchestre. — *Au Royal,* chambres à eau courante à partir de 10 fr. — Pension à partir de 35 fr. ; enfants arrangements ; petit déjeuner 3 fr. 50. déjeuner 12 fr.. diner 14 fr.. v. n. c. — *Au Splendid-Hôtel.* chambres depuis 8 fr. — Pension depuis 25 fr. ; déjeuner 10 fr., diner 12 fr. — Télép. 0.09.

\~\~\~\~\~\~\~\~

SAINT-LAURENT-DU-PONT (Isère). ✉ ⍑ [Télég.]. — 420 *mèt. d'altitude, gare du tramway de Saint-Béron à Voiron.*

Hôtel des Deux-Mondes, ouvert toute l'année. en face gare Saint-Laurent-Revol, Descroix. propr., membre du T. C. F. — Séjour, pension — Eau, électricité, bains, garage, jardin. — Prix modérés. — Téléphone n° 22.

~~~~~

SAINT-PIERRE-de-CHARTREUSE (Isère). ✉ ⍑ [Télég.].— 800 *mètres d'altitude, station climatérique ; centre d'excursions.* **Syndicat d'initiative local.**

Hôtel du Grand-Som, direct., Mlle Cauduret, ouvert toute l'année. 75 chambres. 100 lits. Pension 30 fr., boisson et chambre non comprises, minimum 7 jours. Petit déj. 3 fr. 50, déj. 15 fr., dîner 16 fr. Chambre dep. 12 fr. Conditions spéciales hors-saison. Hiver, saison des sports d'hiver, chauffage central. Salon, pianos, salles de bains privées et autres, jardin, tennis, électr. Téléph. n° [illegible]. — A *l'Hôtel du Désert,* 25 chambres, 35 lits. Chamb. depuis 10 fr. Pension nourriture et chambre 30 fr.

Hôtellerie Saint-Bruno, près du couvent ; restaurant ; repas à prix fixe et à la carte. 50 ch. Nourriture et chamb. 25 fr.

Hôtel Victoria, Appaix, propr., à Saint-Pierre-le-Haut. — Ouvert du 1er mai au 15 octobre. — 40 chambres, 60 lits. — Pension de 16 à 20 fr., minimum 8 jours. — Salle de bain ; chambre noire. Electricité. — Salon ; piano. — Téléphone n° 6.

Avis additionnels

Les stations suivantes du Département de la Savoie *sont également pourvues de quelques* **villas** *ou* **appartements** *meublés :*

Peisey (1335). — **N.-D.-de-Bellecombe** (1130). — **Les Allues** (1080). — **Flumet** (917). — **Seez** (904). — **Vimines** (496). — **Les Echelles** (456). — **Aiguebelanche** (447). — **Sainte-Hélène-sur-Isère** (380). — **Myans** (551). — **Villard-Léger** (320). — **Les Marches** (306). — **Le Viviers** (268).
~~~~~

CIRCUITS AUTOMOBILES

Aucune région alpestre n'offre des circuits automobiles plus nombreux, variés et intéressants, que le département de la Savoie, avec point de départ de la capitale, *Chambéry*, ou des stations voisines d'Aix-les-Bains et Challes-les-Eaux.

Nous croyons devoir, pour la facilité des touristes, en indiquer quelques-uns, parmi les plus recommandés. Tous sont calculés au départ de Chambéry, mais chacun, avec une bonne carte, pourra les rectifier ou compléter au cas de départ d'une autre localité.

A ce sujet, consulter en particulier la *Carte Routière, des Alpes Françaises*, par H. Dolin, et le bel ouvrage du même auteur, *Route des Alpes Françaises, Itinéraires avec profils et pentes, et Cols du Jura à la mer*, envoyés franco par le Syndicat d'Initiative de la Savoie (prix franco : la carte, **1 fr. 15** ; l'ouvrage principal, **11 fr.**), et encore la *Carte des Alpes Savoisiennes* (franco poste, **0 fr. 50**).

Plusieurs de ces excursions se font, avec départ du Syndicat, par cars automobiles publics ou sur demande de groupes de voyageurs notamment, par les **Services des Malles de France**. S'adresser au Syndicat.

I

Lac du Bourget — Le Rhône Mont-du-Chat

Chambéry — Aix-les-Bains — Chindrieux — Chanaz — Yenne La Balme — Pierre-Chatel — Yenne — Col du Chat — Le Bourget-du-Lac — Chambéry. — 85 kil. 5.

II

Les Echelles — Le Frou Col du Frêne-Granier

Chambéry — Les Echelles — Le Frou — St-Pierre-d'Entremont Col du Frêne-Granier — Pas de la Fosse — Chambéry. — 60 kil.

III

Lac d'Aiguebelette — Col de l'Epine

Chambéry — Les Echelles — La Bauche — Lépin-Lac d'Aiguebelette — Novalaise — Col de l'Epine — Saint-Sulpice — Chambéry. — 69 kil. 6.

IV

Col du Chat — Col de l'Epine

Chambéry — Le Bourget-du-Lac — Col du Chat — Chevelu — Novalaise — Col de l'Epine — Saint-Sulpice — Chambéry. — 61 kil. 5.

V

La Grande Chartreuse et les Cols de Cucheron et du Granier

Chambéry — Les Echelles — Saint Laurent-du-Pont — La Grande-Chartreuse (couvent) — Saint-Pierre-de Chartreuse — Col de Cucheron — Saint-Pierre-d'Entremont — Entremont-le-Vieux Col du Frêne-Granier. — Pas de la Fosse — Chambéry. — 80 kil.

VI

Pont de l'Abime — Les Bauges Col du Frêne — Chateau de Miolans

Chambéry — Aix-les-Bains — Cusy — Pont de l'Abime — Allèves — Lescheraines — Le Châtelard — Ecole — Col du Frêne Château de Miolans — Saint-Pierre-d'Albigny — Montmélian — Challes-les-Eaux — Chambéry. — 96 kil. 8.

VI (*bis*)

Col des Prés — Les Beauges — Col du Frêne Chateau de Miolans

Chambéry — St-Jean-d'Arvey — Thoiry — Aillon-le-jeune — Lescheraines — Le Châtelard — Pont d'Ecorcherel — Ecole — Col du Frêne — Château de Miolans — St-Pierre-d'Albigny — Montmélian — Challes-les-Eaux — Chambéry. — 91 kil.

VII

Col des Prés — Les Bauges Le Revard — Col de Plainpalais

Chambéry — Saint-Jean d'Arvey — Thoiry — Col des Prés — Aillon — Lescheraines — Le Noyer — Col de Plainpalais — Mont-Revard — Le Col de Plainpalais — Les Déserts — Saint-Jean-d'Arvey — Chambéry. — 76 kil. 3. —

VIII

Les Bauges — Annecy Cols de Plainpalais et de Leschaux

Chambéry — Saint-Jean-d'Arvey — Les Déserts — Col de Plainpalais — Le Noyer — Lescheraines — Col de Leschaux — Annecy — Alby — Albens — Aix-les-Bains — Chambéry. — 101 kil.

IX

Les Bauges — Annecy — Gorges du Fier Pont de l'Abime — Col de Leschaux

Chambéry — Aix-les-Bains — Cusy — Pont de l'Abime — Allèves — Col de Leschaux — Annecy — Gorges du Fier — Rumilly — Albens — Aix-les-Bains — Chambéry. — 121 kil.

X

Le Tour du Lac du Bourget

Chambéry — Le Bourget-du-Lac — Col du Chat — Chevelu — Lucey — Saint-Pierre-de-Curtille — Conjux — Chindrieux-Chatillon — Aix-les-Bains — Chambéry. — 76 kil. 5.

XI

Massif de la Chartreuse
Les Quatre-Cols — Le Grésivaudan

Chambéry — Pas de la Fosse — Col du Frêne-Granier — Entremont-le-Vieux — St-Pierre-d'Entremont — Col de Cucheron Saint-Pierre-de-Chartreuse — Grande-Chartreuse (couvent) — Saint-Pierre-de-Chartreuse (La Diat) — Col de Porte — Le Sappey — Col de Vence — Grenoble — Le Touvet — Chapareillan — Les Marches — Challes-les-Eaux — Chambéry. — 116 kil.

Ou : *Grenoble — Le Touvet — Goncelin — Saint-Pierre-d'Allevard — Allevard-les-Bains — Détrier — Pontcharra sur-Bréda Chapareillan — Les Marches — Challes-les-Eaux — Chambéry.* — 145 kil. 2.

XII

Savoie — Bugey — Valromey

Chambéry — Le Bourget-du-Lac — Col du Mont-du-Chat — Yenne Défilé de Pierre-Chatel — Pont de la Balme — Belley — Tenay — Hauteville — Château de Lompnés — Ruffieux-en-Valromey — Champagne — Artemare — Culoz — Ruffieux — Chindrieux — Lac du Bourget — Aix-les-Bains — Chambéry. — 150 kil. 4.

XIII

Lac de Paladru — Lac d'Aiguebelette
Cols de l'Epine ou du Chat

Chambéry — les-Echelles — Miribel-les Echelles — Saint-Etienne-de-Crossey — Chirens — Charavines — Lac de Paladru — Paladru — Montferrat — Les Abrets — Le Pont-de-Beauvoisin — La Bridoire Lépin-Lac d'Aiguebelette — Novalaise — Col de l'Epine — Saint-Sulpice — Chambéry. — 110 kil

Ou, variantes : a) *Pont-de-Beauvoisin — Saint-Genix-sur-Guiers Col de Crusilles — Novalaise — Col de l'Epine — Saint-Sulpice — Chambéry.* — 124 kil. 3.; a bis) *ou de Novalaise à Chambéry par le Col du Chat* — 138 kil.

b) *Pont-de-Beauvoisin — La Bridoire — Lépin-Lac d'Aiguebelette Novalaise — Chevelu — Col du Chat — Le Bourget-du-Lac — Chambéry.* — 137 kil. 7.

XIV

Val de Fier — Chautagne
Lac du Bourget

Chambéry — Aix-les-Bains — Albens — Rumilly — Val de Fier — Pont de Motz — Serrières — Ruffieux — Chindrieux — Lac du Bourget — Aix-les-Bains — Chambéry. — 93 kil. 7.

XV

Les Bauges — Lac d'Annecy
Gorges du Fier

Chambéry — Aix-les-Bains — Cusy — Pont de l'Abime — Allèves — Col de Leschaux — Sévrier — Duingt — Bout du Lac — Talloires — Roc de Chère — Menthon-Saint-Bernard — Veyrier — Annecy — Gorges du Fier — Rumilly — Albens — Aix-les-Bains — Chambéry. — 148 kil. 7.

XVI
Albertville — Tamié — Château de Miolans

Chambéry — Challes-les-Eaux — Montmélian — Albertville — Ugine — Faverges — Val et Abbaye de Tamié — Col de Tamié — Frontenex — Grésy-sur-Isère — Fréterive — Château de Miolans — Saint-Pierre-d'Albigny — Saint-Jean-de-la-Porte — Cruet — Arbin Montmélian — Challes-les-Eaux — Chambéry. — 135 kil. 8.

XVII
Combe de Savoie — Albertville
Vallée de Beaufort — Roselend

Chambery — Challes-les Eaux — Montmélian — Arbin — Saint Jean-de-la-Porte — Saint-Pierre d'Albigny — Fréterive — Grésy-sur-Isère — Frontenex — Albertville — Beaufort-sur-Doron — Roselend Beaufort-sur-Doron — Albertville — Grignon — Sainte-Hélène-des-Millières — Aiton — Pont Royal — Montmélian — Challes-les Eaux — Chambéry. — 168 k. 4.

XVIII
La Maurienne
Cols du Glandon et de la Croix de Fer

Chambéry — Challes-les-Eaux — Montmélian — La Chavanne — Coise — Bourgneuf — Aiguebelle — Epierre — La Chambre — Saint-Etienne-de Cuines — Saint-Colomban des-Villards — Col du Glandon (alt. 1951 m.) — *Col de la Croix de Fer* (alt. 2080 m.) — *Saint-Jean-d'Arves — Saint-Jean-de-Maurienne — La Chambre — Aiguebelle — Pont Royal — Montmélian — Challes-les-Eaux — Chambéry* — 185 kil. 6.

XIX
La Maurienne — L'oisans

Chambéry — Challes-les-Eaux — Montmélian — Pont Royal — Aiguebelle — La Chambre — Saint-Etienne-de-Cuines — Saint-Colomban-des-Villards — Le Col du Glandon (alt. 1951 m.) — *La Combe d'Olles — Le Rivier d'Allemond — Les Sables — Vizille — Grenoble — Le Touvet — Les Marches — Challes-les-Eaux — Chambéry.* — 205 kil. 8.

Ou : *Col du Glandon — Col de la Croix de fer* (alt. 2080 m.) — *Saint-Jean-d'Arves — Saint-Jean-de-Maurienne — Saint-Michel-de-Maurienne — Valloires — Col du Galibier* (alt. 2560 m.) — *Col du Lautaret* (alt. 2058 m.) — *La Grave — Bourg d'Oisans — Grenoble Le Touvet — Les Marches — Challes-les-Eaux — Chambéry.* — 186 kil. 5 h.

XX
Maurienne — Mont Cenis — Mont Genèvre
Lautaret — Oisans — Glandon

Chambéry — Challes-les-Eaux — Montmélian — Pont Royal — Aiguebelle — La Chambre — Saint-Jean-de-Maurienne — Saint-Michel-de-Maurienne — Modane — Termignon — Lanslebourg — Col du Mont-Cenis (alt. 2083 m.) — *Suse — Exilles — Oulx — Césanne — Col du Mont Genèvre* (alt. 1850 m.) — *Briançon — Col du Lautaret* (alt. 2058 m.) — *La Grave — Bourg d'Oisans — Les Sables — Rivier d'Allemond — Le Glandon* (alt. 1951 m.) — *Col de la Croix de Fer* (alt. 2080 m.) — *Saint-Jean-d'Arves — Saint-Jean-de-Maurienne — Aiguebelle — Montmélian — Challes-les-Eaux — Chambéry.* — 455 k. 7.

Oa *Bourg d'Oisans — Les Sables — Vizille — Grenoble — Le Touvet — Les Marches — Challes-les-Eaux — Chambéry.* — 389 kil.

XXI

La Haute-Maurienne
Le Mont-Cenis — Bonneval-sur-Arc

Chambéry — Challes-les-Eaux — Montmélian — Aiguebelle — La Chambre — St-Jean-de-Maurienne — St-Michel-de-Maurienne — Modane — Termignon — Lanslebourg — Lanslevillard — Bessans Bonneval-sur-Arc. — Retour à Chambéry : même voie. — 291 kil.

Additions : a) *Lanslebourg — Col et Hospice du Mont-Cenis — Lanslebourg* (28 kil 6. : A.R.).

b) Promenade à Valloires : *St-Michel-de-Maurienne — Valloires — St-Michel-de-Maurienne* (32 kil. 8 : A.R.).

c) Circuit du Glandon : *St-Jean-de-Maurienne — Entraigues (St-Jean-d'Arves) — Col de la Croix de Fer* (alt. 2.080 m.) — *Le Chalet-Hôtel du Glandon — Le Col du Glandon* (alt. 1951 m.) —*St-Colomban-des-Villards — La Chambre* (42 kil. 7).

XXII

La Tarentaise
Col du Petit-St-Bernard Val-d'Isère

Chambéry — Challes-les-Eaux — Montmélian — Albertville — Moûtiers — Bourg-Saint-Maurice — Séez — Petit-Saint-Bernard — Séez — Tignes — Val-d'Isère — Tignes — Séez — Bourg-Saint-Maurice — Moûtiers — Albertville — Montmélian — Challes-les-Eaux — Chambéry. — 228 kil.

XXIII

La Tarentaise — Pralognan-la-Vanoise

Chambéry — Challes-les-Eaux — Montmélian — Albertville — Moûtiers — Brides-les-Bains — Pralognan la-Vanoise — Brides-les-Bains — Moûtiers — Albertville — Montmélian — Challes-les-Eaux Chambéry. — 208 kil.

XXIV

Annecy — Thones — Les Aravis
Gorges de l'Arly

Chambéry — Aix-les-Bains — Albens — Alby — Annecy — Thones — Col des Aravis — Flumet — Gorges de l'Arly — Ugine — Albertville — Montmélian — Challes-les-Eaux — Chambéry. — 169 kil.

XXV

Chamonix — Le Mont-Blanc

a) *Chambéry — Challes-les-Eaux — Albertville — Ugine — Flumet — Mégève — St-Gervais-les-Bains — Le Fayet-St-Gervais — Chamonix — Le Fayet-St-Gervais — Cluses — Bonneville — La Roche-sur-Foron — Annecy — Albens — Aix-les-Bains — Chambéry.* [illegible] kil. 7.

b) *Chambéry — Aix-les-Bains — Annecy — Thones — Le Col des Aravis — Flumet — Mégève — St Gervais-les-Bains — Le Fayet-St-Gervais — Chamonix — Le Fayet-St-Gervais — Sallanches — Combloux — Mégève — Flumet — Gorges de l'Arly — Ugine — Albertville — Montmélian — Challes-les-Eaux — Chambéry.* — 263 kil. 4.

PROMENADES

aux Environs de Chambéry

Ce qui fait, particulièrement, le charme unique d'un séjour à Chambéry, c'est l'abondance des promenades et excursions, aussi variées qu'intéressantes, que l'on peut faire dans ses environs, soit à pied, soit à bicyclette, soit en automobile.

Ces dernières sont indiquées ci-devant, et en nombre.

L'ensemble des promenades et excursions toutes recommandées, se trouvera indiqué, et succintement décrit dans CHAMBÉRY-ITINÉRAIRES, par J. COPPIER, président du Syndicat d'Initiative (Dardel, éditeur ; prix : 1 fr.).

Nous signalons, ici, les principales, celles que tout touriste devra faire, s'il veut avoir une idée des beautés de la contrée chambérienne, tout en se procurant un vrai plaisir.

Les Charmettes (aller, 1/2 h.), Maison de J.-J. Rousseau.

Les Monts (aller, 1 h.), Vue d'ensemble incomparable.

La Serraz, Le Bourget, Bourdeau (12 kilomètres). *Se servir du tramway de La Motte-Servolex et du Bourget.* Cascade de la Serraz. Lac du Bourget. Château de Bourdeau.

Le tour de Saint-Saturnin (aller 1 h.), Défilé; vue sur la Vallée.

Pas de la Fosse, Col du Frêne-Granier (15 kilom.) Vue sur le Lac du Bourget, les Vallées et la Chaine des Alpes.

Le Mont-St-Michel, La Thuile et son Lac.

Les Tours de Chignin; **Myans**, pélérinage célèbre.

Col du Crucifix, Aiguebelette, Col de L'Epine.

La Bauche-les-Eaux, Les Echelles, Grottes des Echelles.

Etc., etc.

Ascensions : **Le Nivolet, Le Mont Revard, Le Joigny,** etc. (consulter comme dit ci-dessus, CHAMBÉRY-ITINÉRAIRES).

(Renseignements au Syndicat d'Initiative.)

ADRESSES UTILES

Membres Chambériens du Syndicat d'Initiative de la Savoie

Commerçants, Industriels et autres professions

Acide Carbonique

Davignon, rue Costa-de-Beauregard.
Jorcin, au Bocage.

Agences de Ventes et Locations d'Immeubles

Boujon, 16, rue Sainte-Barbe.
Denat, 8, rue Bonnivard.
Piraud, 5, rue Juiverie.
Pollet, 11, rue Doppet.
Trépier, 10, rue Basse-du-Château.
Vetzel, 10, rue Sommeiller.

Antiquités

Bonsaquet, 56, place Saint-Léger.

Architectes

Bertin, 1, rue de Maistre.
Chapperon, 8, route d'Aix.
Christilin, 1, rue de Maistre.
Dénarié, 6, rue des Portiques.
Ménissier, 10, rue Croix-d'Or.
Planche et Foray, 3, rue de Boigne.

Articles de Sports

Gleize, 12, rue des Portiques.
Nouvelles Galeries, place St-Léger.
Bazar de la Gare, rue Sommeiller.

Agents d'Assurances

Boujon, 16, rue Sainte-Barbe.
Le Secours.
Carron, 8, rue Métropole.
La Paix, La Séquanaise-Vie.
Cartier, 2, place de la Gare.
La Paternelle, La Themis.
Deschamps, 9, rue Vaugelas.
L'Abeille.
Dumont, 3, boulevard du Théâtre.
La Nationale, La Foncière-Transports.
Georges, 56, place Saint-Léger.
Le Phénix, La Participation.
Gros, 1, rue des Nonnes.
L'Urbaine. L'Urbaine et la Seine. La Réunion Française.
Pollet, 11, rue Doppet.
La Foncière, La Prévoyance.
Tissot et Mariet, 7, rue Favre.
L'Union.

Automobiles (vente et achat)

Galloz, 8, rue Trésorerie.
Pachoud et Rogier, route de Lyon.
Salamo, rue Saint-François.
Vasseur, 5, rue de la Banque.

Avocats

Arminjon, 2, place du Château.
Buttin, 14, rue Juiverie.
Coppier, 12, pl. de l'Hôtel-de-Ville.
De Fernex, 2, rue Berthollet.
Girard-Madoux, 35, r. J.-P.-Veyrat.
Mareschal, 12, place Saint-Léger.
Rosset, 3, rue de Boigne.

Avoués

A la Cour d'Appel :

Finet, 12, rue de Boigne.
Magnin, 6, rue Métropole.
Orsat, 8, rue Saint-Antoine.

Au Tribunal :

Durand-Dronchat, 15, b. de la Colonne
Fiquet, 10, rue des Portiques.
Revuz, 11, rue Métropole.
Thimonnier, 2, rue de Boigne.

Banques

Banque de France, rue de la Banque.
Banque de Savoie, 5, rue Favre.
Crédit Lyonnais, 55, place St-Léger.
Crédit Foncier de France, 5, rue Marcoz.
Société Générale, boul. de la Colonne.

Bazars

Aux Dames de France, boulevard de la Colonne.
Aux Nouvelles Galeries, pl. St-Léger
Bazar de la Gare, rue Sommeiller.

Bijoutiers-Horlogers

Avenier, 30, place Saint-Léger.
Bonsaquet, 80, place Saint Léger.
Deyres, 70, place Saint-Léger.
Neucourt, 89, place Saint-Léger.

Biscuiterie

Savoy, place du Château.

Bois de Chauffage

Blache, rue Sommeiller.
Chabert « Les Fils Charvet », 5, pl. du Palais-de-Justice.
Davignon, rue Costa-de-Beauregard.

Bonneterie et Mercerie

Choulet et Gotteland, 14, pl. Octogone
Maison de Paris, place du Marché.
Magasins Lyonnais, pl. Octogone.
Perrucon, place de l'Hôtel-de-Ville.
Regairaz, Goddet et Cie, pl. Métropole

Bureau de Placement

Office Départemental, 1. r. du Château

Cafés

Cartier, 2, place de la Gare.
Cartannaz, square de Leysse.
Costaz, Café de la Terrasse.
Fohiet, 33, boulevard du Musée.
Gonin, 3, place du Palais-de-Justice.
Gurret, café du Théâtre.
Pollet, 10, rue des Portiques.

Camionnage et Déménagements

Blache, rue Sommeiller.

Cartes Postales (Editeurs)

Grimal, 90, place Saint-Léger.
Mijieu (de), 12, rue des Portiques.

Charbons

Blache, rue Sommeiller.
Chabert « Les Fils Charvet », place du Palais-de-Justice.

Charcutiers

Garbolino, 3, place St-Léger.

Charpentiers

Colomb, avenue du Comte-Vert.
Curtet, route de Lyon.
Davignon, rue Costa-de-Beauregard.

Chauffage central

Aulas et Vidal, 16, rue de Boigne.

Chaussures

Arrianne, 13, rue des Portiques.
Norbier, « A la Renommée », place du Marché.
Revol, 11, rue des Portiques.

Chaux et Ciments

Chiron, rue Pas eur.
Ely et Lombard, place du Marché.

Chemisiers

Angelier, boulevard de la Colonne.
Carraz, boulevard de la Colonne.
Maison Regairaz, Goddet et Cie, pl. Métropole.
Grands Magasins Lyonnais, place Octogone.
Maison de Paris, place du Marché.

Chiffons, Papiers, Laines Renaissance

Cabaud, 4, rue du Théâtre.

Cinémas

Modern'Palace, rue Nicolas-Parent.

Coiffeurs

Berlioz, 11, rue des Portiques.

Comestibles

Audouard, rue de Lans.

Confections

Barut-Martin, rue Ste-Barbe.
Manufacture de Vêtements.
Broglio, boulevard de la Colonne.
Grands Magasins Lyonnais, place Octogone.
Maison de Paris, place du Marché.

Commissionnaires

Blache, rue Sommeiller.

Confiseurs

Déplante, 10, rue des Portiques.
Mazet Frères, place Porte-Reine.
Richard, 8, Portiques (Ancienne Maison Albert).
Viboud, rue Croix-d'Or.

Constructions mécaniques

Etablissements Métallurgiques, 33, avenue de la Boisse.
Société de Constructions Mécaniques, à La Peysse.

Cycles

Galloz, 8, rue Trésorerie.
Salamo, rue St-François.

Dentelles et Ouvrages de dames

Pohl, place du Marché-Couvert.

Dentistes

Hollande, 6 rue des Portiques.
Benoist, 18, rue Juiverie.
Dayet, 6, rue de la Gare.
Paupert, 8, rue St-Antoine.
Brand, 78, place St-Léger.
Delphin, 16, pl. de l'Hôtel-de-Ville.

Doreurs (*Miroiterie, Vitrerie*)

Janin, 17, rue des Portiques.
Létru (Vve), boulevard du Théâtre.

Entrepreneurs

Bernasconi, rue Nicolas-Parent.
Cravario Barthelemy, La Revériaz.

Epiciers

Baboulaz, 103, place St-Léger.
Cathiard, rue Vieille-Monnaie.
Folliet (Vve), pl. du Marché Couvert.

Hôtels

Voir page 13.

Huissiers

Bourbon, 61, place Saint-Léger.
Rosnoblet, boulevard de la Colonne.

Imprimeurs

Bosso, place Saint-Léger.
Filsnoël, rue de la Poste.
Gentil, rue Croix-d'Or.
Imprimerie Chambérienne, rue Victor-Hugo.
Imprimeries Réunies, 3, r. Lamartine

Jardiniers-Horticulteurs

Dardel, rue J.-P.-Veyrat.
Pollingue, rue Saint-Antoine.

Libraire

Dardel, Portiques.

Médecins

Clurion, 1, rue Favre.
Cléret, 2, rue Saint-Antoine.
Dénarié Amedée, 2, rue du Château
Denarié Antoine 13, r. des Portiques
Guillermin, 14, rue du Théâtre.
Schall, place de l'Hôtel-de-Ville.
Truchet, 8, place du Marché.
Voutier, rue de Maistre.

Menuisiers

Davignon Alexis, rue Costa-de-Beauregard.
Faitaz, rue des Ecoles.

Meubles

Davignon Alexis, rue Costa-de-Beauregard (fabricant).

Modes Lingerie et Nouveautés

Angelier, boulevard de la Colonne.
Aux Dames de France, boulevard de la Colonne.
Drogue, 4, rue de Boigne.
Grands Magasins Lyonnais, place Octogone.
Maison de Paris, place du Marché.
Mollard, rue de Boigne.
Regaïtaz et Cie, place Métropole.

Notaires

Burnier, 11, place Saint-Léger.
Grumel, 21, rue de Boigne.
Pillet, 4, rue Favre.

Opticien

Touron, 6, rue Favre.

Papetiers

Bosso, 31, place Saint-Léger.
Dardel, 6, rue des Portiques.
Gentil, rue Croix-d'Or.

Pâtissiers

Déplante, 10, Portiques.
Richard, 8, rue des Portiques.
Vibou I, rue Croix-d'Or.

Pharmaciens

Cellière, 11, rue des Portiques.
Chenu, 41, rue Croix-d'Or.
Cons, Pont du Reclus.
Galénique (La), rue Sommeiller.
Hôtel-Dieu, route de Lyon.
Tereinet, rue de Maistre.
Ulliet, 35, rue d'Italie.

Photographes

Grimal, 88, place St-Léger.
Lançon, rue Sommeiller.

Professeurs de peinture

Bagnard, 96, place St-Léger.
Millet (Mlle), 8, rue Nicolas-Parent.

Quincaillers

Pillet, 18, rue St-Antoine.
Vicher Frères, boulevard du Verney.

Relieurs

Gentil, rue Croix-d'Or.

Représentants de commerce

Ch. Cartier, place de la Gare.
Chaberth, 11, rue Marcoz.
Clerc, 14, rue J.-P. Veyrat.
Mollard, 19, place St-Léger.
Reverchon, 11 rue Marcoz.

Restaurants

Voir page 14.

Serruriers

Lapierre, 1, rue Croix-d'Or.

Tailleurs

Grands Magasins Lyonnais, place Octogone.
Gleize, 12, rue des Portiques
Hortoland, rue Favre.

Tanneurs

Bal, à La Revériaz.

Teinturiers

Gonay, 54, faubourg Montmélian (succursale : 15, r. des Portiques).

Vermouths et Liqueurs

Comoz, 129, rue Fodéré.
Dolin-Sevez, 12, rue Freizier.
Reynaud, 33, place Monge.
Richard, rue de la Gare.

Vins

Comoz, 129, rue Fodéré.
Reynaud, place Monge.

AUTRES ADRESSES UTILES

Préfecture, au Château.

Commandement Militaire, au Château.

POSTES, Télégraphe. Téléphone, Bureau Central, boulevard de la Colonne. — *Bureaux auxiliaires* : Place Saint-Léger, n° 81 ; — Avenue du Comte-Vert, n° 1 ; — Maison du Tourisme.

Trésorerie, 18, quai Charles-Ravet.

Agriculture, *Maison des Agriculteurs*, 2, place du Château.— *Syndicat des Agriculteurs de la Savoie*, 3, boulevard du Théâtre.

Forêts : *Conservation*, 18, rue de la Banque ; *Reboisement*, Palais de Justice, 3e étage ; *Aménagement*, 14, rue du Nivolet ; *Inspection*, 14, rue Jean-Pierre Veyrat.

Ponts et Chaussées, faubourg Nezin.

Tribunaux divers, Palais de Justice.

Bureau de Police, place de l'Hôtel-de-Ville.

Douanes, place du Palais-de-Justice.

Enregistrement et Hypothèques, Palais de Justice.

Bibliothèque Municipale, place du Palais-de-Justice.

Musées : *Peinture et Sculpture*, place du Palais-de-Justice ; *Antiquités, Souvenirs Savoyards*, **MUSÉE SAVOISIEN,** boulevard du Théâtre ; **Histoire Naturelle,** route de Lyon.

Clinique Chirurgicale, Lémenc.

HOPITAUX : *Hôtel-Dieu*, à Montjay ; *La Charité*, montée du Sacré-Cœur ; *La Maternité*, montée du Sacré-Cœur.

Bains : 14, rue d'Italie.

Bains-Douches : 2, rue Macornet.

Principales stations d'altitude du département de la Savoie

(600m à 2629m)

Faible altitude (600m — 800m)

Col du Mont-du-Chat	638	mètres
Saint-Pierre-d'Entremont	640	
Aime	680	
Lescheraines	691	
Saint-Franc	700	
Saint-Michel-de-Maurienne	711	
Ecole	720	
Beaufort-sur-Doron	743	
Le Châtelard	757	

Moyenne altitude (800m — 1350m)

Bourg-Saint-Maurice	842	mètres
Bozel	872	
Séez	906	
Saint-Nicolas-la-Chapelle	950	
Flumet	950	
Sainte-Foy	1051	
Modane	1063	
Bonneval-les-Bains	1084	
Arêches	1086	
Saint-Bon	1100	
Saint-Colomban-des-Villards	1104	
La Giettaz	1110	
Notre-Dame-de-Bellecombe-sur-Flumet	1130	
Hauteluce-Belleville	1150	
Termignon	1296	

Haute altitude (1400m — 2629m)

Lanslebourg	1397	mètres
Peisey	1300-1420	
Pralognan	1425	
Valloires	1430	
Roselend	1480	
Champagny-le-Haut	1496	
Le Mont-Revard	1545	
Saint-Jean-d'Arves	1550	
Tignes	1648	
Bessans	1745	
Bonneval-sur-Arc	1835	
Val d'Isère	1849	
Col du Glandon	1951	
Mont-Jovet	2450-2563	
Col de la Vanoise	2527	
Les Evettes	2629	

TABLE DES MATIÈRES

CHAMBÉRY. — IMPRIMERIE CHAMBÉRIENNE, RUE VICTOR-HUGO

www.ingramcontent.com/pod-product-compliance
Ingram Content Group UK Ltd.
Pitfield, Milton Keynes, MK11 3LW, UK
UKHW022127260726
13993UKWH00003B/1276